高等职业院校"十三五"规划创新教材

普通话教程

主　编　王　红
副主编　马黎华　郝正全　张　宁

陕西师范大学出版总社

图书代号　JC18N1225

图书在版编目(CIP)数据

普通话教程/王红主编.—西安:陕西师范大学出版总社有限公司,2018.8(2019.7重印)
ISBN 978-7-5695-0168-1

Ⅰ.①普… Ⅱ.①王… Ⅲ.①普通话—师范教育—教材 Ⅳ.①H102

中国版本图书馆 CIP 数据核字(2018)第 179816 号

普通话教程

王　红　主编

责任编辑/	邱水鱼　于盼盼
责任校对/	汪海晶　于盼盼
封面设计/	泥林书装
出版发行/	陕西师范大学出版总社
	(西安市长安南路199号 邮编 710062)
网　　址/	http://www.snupg.com
经　　销/	新华书店
印　　刷/	陕西省富平县万象印务有限公司
开　　本/	787mm×1092mm　1/16
印　　张/	9.5
字　　数/	208千
版　　次/	2018年8月第1版
印　　次/	2019年7月第2次印刷
书　　号/	ISBN 978-7-5695-0168-1
定　　价/	28.00元

读者购书、书店添货或发现印装质量问题,请与本社高等教育出版中心联系。
电话:(029)85303622(传真)　85307864

前 言

语言是人类社会最重要的交际工具和信息载体。推动语言文字的规范化、标准化,不仅是提高教学质量、普及文化教育、发展科学技术的一项基础工程,而且对于社会主义物质文明和精神文明建设也具有极其重要的意义。普通话是现代汉民族共同语,是教师的职业语言,推广和使用全国通用的普通话是教师义不容辞的责任和义务,为此我们编写了这本《普通话教程》。

为有效提高学习者的普通话水平,本教材本着实用性和针对性的原则,力求突出以下几点:

第一,把普通话语音基础知识与口语训练相结合。

语音是语言的物质外壳。学习普通话首先要过语音关,其次要多说多练。本教材系统地讲解了普通话的语音知识,力求简明准确、必须够用;每一节中都安排了单音节、双音节、多音节正音训练,还精心筛选了绕口令、古典诗词、现代诗文等训练材料。目的在于以理论为指导,以训练为主线,帮助大家由浅入深、循序渐进地练好普通话。

第二,把课堂教学与课外学习相结合。

普通话的学习和推广是一个系统化的工程,不是凭几节课就能解决的问题。"授之以鱼不如授之以渔",我们本着以教师为主导、以学生为主体的原则,把课堂教学与课外自学相接。每一章前面都设计了学习目标、知识导图、关键词;每一节从案例导入入手,接着是理论讲解和课堂训练,后面是拓展学习,目的在于教给方法,提供示范,充分训练。

第三，把普通话水平测试与普通话运用相结合。

普通话水平测试是国家级的考试，"普通话水平测试等级证书"已成为学生就业必备的"通行证"。本教材本着方便、实用的原则，讲解测试的内容、标准和程序；对《大纲》词表进行分类整理和方言辨正；给测试作品添加语音提示和朗读示范，对谈话题目进行分析、设计，把测试与训练有机结合，以测促练。

本教材由三门峡职业技术学院王红副教授担任主编，各章节编写人员及编写内容如下：汉中职业技术学院马黎华老师编写第一章；渭南职业技术学院郝正全老师编写第二章；陕西职业技术学院张宁老师编写第三章；陕西学前师范学院王娟老师编写第四章、第七章；陕西学前师范学院张珊珊老师编写第五章；陕西学前师范学院赵燕副教授编写第六章；三门峡职业技术学院王红老师编写附录部分。

本教材广泛吸取了国内众多专家的研究成果，主要参考文献在全书最后都已一一注明，在此谨向有关作者表示深深的感谢。同时，由于编者的水平有限，本书还存在着种种不足和缺点，恳请专家和读者提出宝贵意见和建议，在此一并感谢。

编者

2018 年 7 月

目录

第一章　认识普通话 ··· 1
　　第一节　普通话与方言 ·· 2
　　第二节　语音概说 ·· 4
　　第三节　汉语拼音方案 ·· 8

第二章　声调 ·· 13
　　第一节　声调的分类及发音 ·· 14
　　第二节　声调辨正 ··· 21

第三章　声母 ·· 29
　　第一节　声母的分类及发音 ·· 30
　　第二节　声母辨正 ··· 34

第四章　韵母 ·· 43
　　第一节　韵母的分类及发音 ·· 44
　　第二节　韵母辨正 ··· 51

第五章　音节 ·· 55
　　第一节　普通话音节结构 ·· 56
　　第二节　音节的拼读与拼写 ·· 61

第六章　语流音变 ·· 69
　　第一节　轻声、儿化 ·· 70
　　第二节　变调 ··· 75
　　第三节　"啊"的音变 ··· 80

第七章 普通话水平测试 …… 83
第一节 普通话测试的内容与方法 …… 84
第二节 词语测试 …… 91
第三节 朗读测试 …… 94
第四节 说话测试 …… 98

附录1 普通话水平测试30个命题说话题目 …… 103

附录2 普通话朗读作品 …… 104

参考文献 …… 146

第一章

认识普通话

学习目标

● 知识目标
1. 了解普通话的概念及其内涵,明确普通话与方言之间的联系与区别。
2. 熟悉普通话语音的基本特点,了解《汉语拼音方案》的构成。

● 能力目标
1. 掌握普通话语音的训练步骤及方法。
2. 热爱祖国语言,积极贯彻国家语言文字方针政策,增强语言规范的意识。

关键词

普通话;方言;语音;汉语拼音方案

知识导图

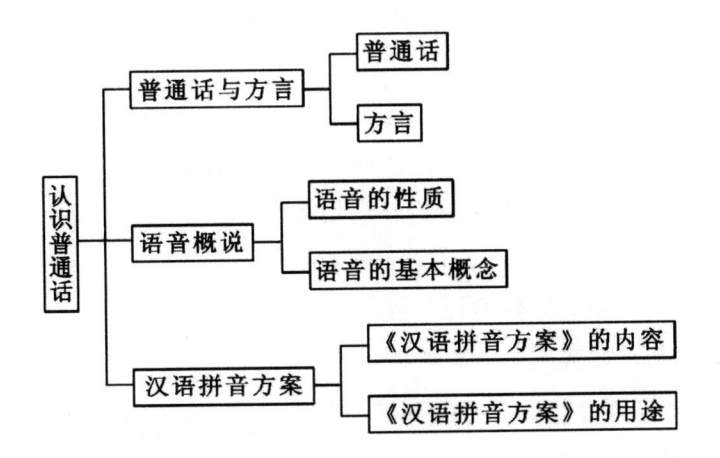

```
                              ┌── 普通话
                 ┌─ 普通话与方言 ─┤
                 │              └── 方言
                 │
                 │              ┌── 语音的性质
  认识普通话 ────┼─ 语音概说 ────┤
                 │              └── 语音的基本概念
                 │
                 │              ┌──《汉语拼音方案》的内容
                 └─ 汉语拼音方案 ┤
                                └──《汉语拼音方案》的用途
```

第一节　普通话与方言

案例导入

北京的公共汽车上,一外地人向售票员伸出十元钱说:"见过吗?!见过吗?!"售票员不理。外地人再说:"见过吗?!见过吗?!"售票员按捺火气,仍然不理。如此反复,售票员终于勃然大怒,伸出一张五十元的票子戳到外地人的眼前,大喝一声:"你见过吗?"外地人见状大惊失色,抱头鼠窜,嘴里直说:"北京的售票员怎么这样呀?"众人不解,一问才知,该外地人要买票,说:"建国门,建国门!"

一、普通话

(一)什么是普通话

普通话是我国现代汉民族的共同语,也是我国各族人民之间通用的语言,普通话的普通是"普遍、通行"的意思。1955年10月,全国文字改革会议和现代汉语规范问题学术会议相继召开,为普通话下了科学的定义:普通话是以北京语音为标准音,以北方话为基础方言,以典范的现代白话文著作为语法规范的现代汉民族共同语。这个定义从语音、词汇、语法三个方面明确规定了普通话的标准,使得普通话的定义更为科学、更为周密了。

(二)普通话的内涵

普通话这个定义从语音、词汇、语法三个方面阐述了普通话的内涵。

1. 以北京语音为标准音

在语音方面,普通话以北京语音为标准,但并非说北京话中的每一个音都是规范的、标准的。北京话仍有许多土音,比如把连词"和(he)"说成"han",把"蝴蝶(hudie)"说成"hudier",把"告诉(gaosu)"说成"gaosong"等,这些土音就不能成为普通话的标准和规范。此外,北京话里还有异读,如常把"往东"读成"wàng东"、"质量"读成"zhǐ量"、"办公室"读成"办公shǐ"等,以及尖音、轻声、儿化等内部有分歧的现象,这都给普通话的推广带来许多不便。因此,普通话的语音标准,应该以1985年公布的《普通话异读词审音表》和2005年版的《现代汉语词典》为规范。

2. 以北方话为基础方言

在词汇方面,普通话是以北方话的词汇为基础的,这里的词汇是指在北方方言区内能够普遍通行的词汇,而不是所有的词汇。北方话词语中也有许多土语,如把"傍晚"说成"晚半晌"、"斥责"说成"呲儿"、"吝啬"说成"抠门儿"、"玉米"说成"苞米"、"肥皂"说成"胰子"、"馒头"说成"馍馍"等。所以,不能把所有北方话的词汇都作为普通话的词汇。同时,普通话也要从其他方言吸取所需要的词语,如"搞""垃圾""尴尬""噱头"等词在北方话里没有相应的同义词,这样的词语就可以吸收到普通话词汇中来。

3. 以典范的现代白话文著作为语法规范

在语法方面,普通话是以典范的现代白话文著作为语法规范的,典范的现代白话文著作是指现代优秀作家、理论家的优秀作品(如鲁迅、郭沫若、茅盾等人的代表作,毛泽东、周恩来等人的论著)和国家发布的各种书面文件(如法律文本、通告、政令等)。

二、方言

(一)什么是方言

现代汉语方言是现代汉语的地域分支,也叫作"地方话",是指局部地区的人们通用的语言。我国是一个幅员广阔、人口众多的国家,由于自然地理环境和社会历史状况等多种因素的制约,长期以来形成了分歧明显而复杂的方言。

(二)方言与普通话的关系

现代汉语方言并不是独立的语言,而是从属于汉民族共同语的,是民族语言在长期的历史发展中分化出来的地域性变体。方言在汉民族共同语产生之前,是汉民族共同语形成的基础,在汉民族共同语产生之后,也并不会消亡,而成了共同语的分支或变体。

(三)现代汉语方言分区

现代汉语方言大致分为七大方言区,如表1-1所示,它们是:

北方方言(以北京话为代表);

吴方言(以上海话为代表);

湘方言(以湖南长沙话为代表);

赣方言(以江西南昌话为代表);

客家方言(以广东梅县话为代表);

闽方言(由于内部比较复杂,又分为闽北方言和闽南方言,闽北方言以福州话为代表,闽南方言以厦门话为代表);

粤方言(以广州话为代表)。

七大方言中,北方方言分布的地域最广,使用人口也最多,约占汉族总人口的73%。北方方言区内部又可分为四个次方言区,即华北东北方言、西北方言、西南方言、江淮方言。

表1-1 现代汉语方言

方言名称	代表	使用人口	占汉族总人口	分布的地区
北方方言	北京话	约84 000万	70%以上	长江以北地区、西南地区、湖北、湖南、江西部分地区

续表

方言名称	代表	使用人口	占汉族总人口	分布的地区
吴方言	上海话	约10 000万	8.40%	江苏东南、浙江大部分
湘方言	长沙话	约6 000万	5%	湖南大部分
赣方言	南昌话	约2 900万	2.40%	江西大部分、湖北东南部分
客家方言	梅县话	约4 800万	4%	广东、福建、江西、广西、湖南、四川一部分
闽方言	闽北福州话	约1 400万	1.20%	福建北部、台湾一小部分
闽方言	闽南厦门话	约3 600万	3%	福建南部、广东东部、海南岛一部分、台湾大部分
粤方言	广州话	约6 000万	5%	广东大部分、广西南部

热点讨论

全球化时代需要用公共语言交流,方言的沟通交流价值不断减小,使用方言的机会也就不断减少,因而年轻一代对方言了解得也越来越少。面对这一现状,你认为应如何正确处理推广普通话和保护方言的关系?

拓展学习

请扫码阅读学习《普通话等于北京话吗?》和《怎样才算普及了普通话?》。

第二节 语音概说

案例导入

语音是人的发音器官发出的声音,人在咳嗽、打喷嚏、打呼噜时也会发出声音,这些声音是语音吗,为什么?

一、语音的性质

语音是由人的发音器官发出来的具有一定意义、能起社会交际作用的声音。它是语言的物质外壳,是语言意义的载体。语音与自然界其他声音一样,是由发音体振动而产生的,因而具有物理属性;语音是由人的发音器官发出的,因而又具有生理属性;语音所表达的意义是社会约定俗成的,因而又具有社会属性。

(一)语音的物理属性

语音同其他声音一样,具有音高、音强、音长、音色四个要素。

1. 音高

音高是指声音的高低,它取决于发音体振动的快慢。声波每秒振动的次数叫作频率。振动的次数多,频率就高,声音就高;振动的次数少,频率就低,声音就低。语音的高低同人的声带长短、厚薄都有关系。音高在汉语里是构成声调的主要因素,它具有区别意义的作用。

2. 音强

音强是指声音的强弱,它取决于音波振动幅度(即振幅)的大小。振幅大,声音就强;振幅小,声音就弱。声音的强弱同撞击物体时力度的大小有关系。用力大,振幅大,声音就强;用力小,振幅小,声音就弱。普通话里的轻声就是由不同的音强形成的。例如,"莲子"与"帘子"中的"子",在口语中前者读上声,重读;后者则读轻声,从听感上就能区别意义。

3. 音长

音长是指声音的长短,它取决于发音体振动时间的长短。时间长,音长就长;时间短,音长就短。普通话中轻声音节音强较弱,同时音长也较短;另外,音长在表达不同的语气、语调中也起一定作用。

4. 音色

音色是指声音的特色,也就是声音的本质,所以又叫音质。它取决于音波振动的形式,音波形式是由发音体的不同、发音方法的不同、共鸣器的形状不同等三个条件决定的。任何语言中,音色都是区别意义的最重要的要素,其他要素在不同的语言环境中发挥不同的作用。

(二)语音的生理属性

语音是由人的发音器官发出来的,因而具有生理性质。人的发音器官分为三大部分:呼吸器官、发声器官、共鸣器官。

1. 呼吸器官——肺和气管

肺是呼吸气流的活动风箱,气流是发音的原动力。肺部呼出的气流经过气管、支气管,到达喉头,作用于声带、咽头、口腔、鼻腔等发音器官,就发出了不同的声音。

2. 发声器官——喉头和声带

喉头由四块软骨组成,下连气管,上接咽头。声带是主要的发音设备,由两片富有弹性的薄膜构成,固定在喉头的甲状软骨和杓状软骨上。两片声带之间的缝隙叫作声门,随杓状软骨的活动打开或者关闭,呼出的气流引起声带振动而发出声音。

3. 共鸣器官——口腔和鼻腔

口腔和鼻腔是人类发音的共鸣器,如图1-1所示。声带发出声音之后,经过口腔、鼻腔引起振动,发生共鸣作用,使得音量扩大而传出。气流只从鼻腔出来的音叫鼻音,气流同时从鼻腔口腔出来的音叫鼻化音。共鸣器(主要是口腔)的各种变化,造成了千变万化的语音。

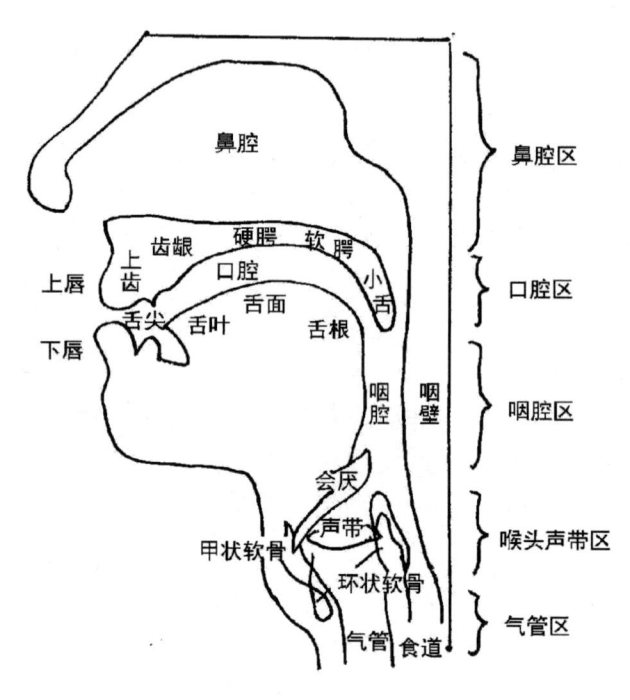

图1-1 发音器官示意图

(三)语音的社会属性

语言是人类最重要的交际工具,因而具有社会属性。用什么样的语音形式表达什么样的意义内容,不是任何个人决定的,而是一个民族的社会成员在漫长的社会发展过程中约定俗成的。所以,社会属性是语音的本质属性,也是语音区别于自然界其他声音的重要标志。

二、语音的基本概念

(一)音节和音素

1. 音节

音节是语音的基本结构单位,是从听感上能够自然切分的最小语音片段。我们说话时,发音器官从放松到紧张再到放松这一完整的过程,就形成一个音节。例如,"江"(jiāng)和"激昂"(jī'áng)的音素相同,但我们一听就知道"江"是一个音节,"激昂"是两个音节。一般来说,普通话中一个汉字就是一个音节,只有儿化韵例外,例如"花儿"写成两个字,读成一个音节 huār。

2. 音素

音素是最小的语音单位。音节还可以从音质的角度再进行切分,直到不能切分为止,这样得到的最小语音单位是音素,它是从音色的角度划分出来的最小语音单位。例如,"江"是由 j、i、a、ng 四个音素组成的。普通话共有 32 个音素,如表 1-2 所示。

表 1-2 普通话音素表

书写办法	音素符号
一个字母代表一个音素	a、o、e、u、b、p、m、f、d、t、n、l、g、k、h、j、q、x、r、z、c、s
一个字母代表几个音素	i(bi 的 i;zi 的 i;zhi 的 i)
两个字母代表一个音素	er、ng、zh、ch、sh
一个字母加一个符号代表一个音素	ê、ü

(二)辅音和元音

音素可以分为辅音和元音两大类。

1. 定义

辅音又叫子音,是指发音时,气流在口腔或咽头受到一定的阻碍的声音。元音又叫母音,是指发音时,声带振动,气流在口腔不受阻碍而形成的音。

普通话中有 10 个元音音素:a、o、e、ê、i、u、ü、er、-i(前)、-i(后);22 个辅音音素:b、p、m、f、d、t、n、l、g、k、h、j、q、x、zh、ch、sh、r、z、c、s、ng。

2. 辅音和元音的区别

辅音和元音的区别主要表现在音色上:

(1)辅音发音时,气流通过口腔、鼻腔时要受到阻碍;元音发音时,气流不受阻碍。

(2)辅音发音时,构成阻碍的部位特别紧张;元音发音时,发音器官各部位保持均衡的紧张状态。

(3)辅音发音时,气流较强;元音发音时,气流较弱。

(4)辅音发音时,声带不一定振动;元音发音时,声带一定振动,发出的声音比较响亮。

(三)声母、韵母、声调

按照汉语的传统分析法,通常把一个音节分为声母、韵母、声调三个部分。

声母是音节开头的辅音。如音节"八(bā)"的声母是 b。汉语中有些音节不是以辅音开头的,如"啊(ā)",那么它的声母就是零声母,这样的音节称为零声母音节。

韵母是声母后面的部分。如音节"八(bā)"的韵母是 a。汉语中有的韵母完全由元音充当,如 a、ia、iao;有的由元音加辅音构成,如 an、ang。

声调是音节高低升降的变化。如"妈(mā)"是高而平、"麻(má)"是上升的、"马(mǎ)"是先降后升的、"骂(mà)"是下降的,四个音节声母、韵母完全相同,但因声调不同,意义也不相同。

拓展学习

请扫码登录网站学习《普通话语音系统的基本概念》。

第三节　汉语拼音方案

案例导入

我国的工农业产品和工程建设都有统一的技术标准和代号,称为"国标"(GB),这些"国标"大都采用汉语拼音词语的缩写形式。你知道"AQ、RF、JY、QX、HJ、JGJ"分别代表什么吗?

一、《汉语拼音方案》的内容

《汉语拼音方案》是根据普通话语音系统制订的,由字母表、声母表、韵母表、声调符号、隔音符号五个部分组成。

汉语拼音方案

(1957年11月1日国务院全体会议第六十次会议通过)

(1958年2月11日第一届全国人民代表大会第五次会议通过)

一、字母表

字母	Aa	Bb	Cc	Dd	Ee	Ff	Gg
名称	ㄚ	ㄅㄝ	ㄘㄝ	ㄉㄝ	ㄜ	ㄝㄈ	ㄍㄝ
	Hh	Ii	Jj	Kk	Ll	Mm	Nn
	ㄏㄚ	ㄧ	ㄐㄧㄝ	ㄎㄝ	ㄝㄌ	ㄝㄇ	ㄋㄝ
	Oo	Pp	Qq	Rr	Ss	Tt	
	ㄛ	ㄆㄝ	ㄑㄧㄡ	ㄚㄦ	ㄝㄙ	ㄊㄝ	
	Uu	Vv	Ww	Xx	Yy	Zz	
	ㄨ	ㄉㄝ	ㄨㄚ	ㄒㄧ	ㄧㄚ	ㄗㄝ	

v 只用来拼写外来语、少数民族语言和方言。

字母的手写体依照拉丁字母的一般书写习惯。

二、声母表

b ㄅ玻	p ㄆ坡	m ㄇ摸	f ㄈ佛	d ㄉ得	t ㄊ特	n ㄋ讷	l ㄌ勒
g ㄍ哥	k ㄎ科	h ㄏ喝		j ㄐ基	q ㄑ欺	x ㄒ希	
zh ㄓ知	ch ㄔ蚩	sh ㄕ诗	r ㄖ日	z ㄗ资	c ㄘ雌	s ㄙ思	

在给汉字注音的时候,为了使拼式简短,zh、ch、sh 可以省作 ẑ、ĉ、ŝ。

三、韵母表

	i ㄧ 衣	u ㄨ 乌	ü ㄩ 迂
a ㄚ 啊	ia ㄧㄚ 呀	ua ㄨㄚ 蛙	
o ㄛ 喔		uo ㄨㄛ 窝	
e ㄜ 鹅	ie ㄧㄝ 耶		üe ㄩㄝ 约
ai ㄞ 哀		uai ㄨㄞ 歪	
ei ㄟ 欸		uei ㄨㄟ 威	
ao ㄠ 熬	iao ㄧㄠ 腰		
ou ㄡ 欧	iou ㄧㄡ 忧		
an ㄢ 安	ian ㄧㄢ 烟	uan ㄨㄢ 弯	üan ㄩㄢ 冤
en ㄣ 恩	in ㄧㄣ 因	uen ㄨㄣ 温	ün ㄩㄣ 晕

续表

ang ㅊ 昂	iang ㅣㅊ 央	uang ㄨㅊ 汪	
eng ㄥ 亨的韵母	ing ㅣㄥ 英	ueng ㄨㄥ 翁	
ong ㄨㄥ 轰的韵母	iong ㄩㄥ 雍		

(1)"知、蚩、诗、日、资、雌、思"等字的韵母用 i,即知、蚩、诗、日、资、雌、思等字拼作 zhi、chi、shi、ri、zi、ci、si。

(2)韵母儿写成 er,用作韵尾的时候写成 r。例如:"儿童"拼作 ertong,"花儿"拼作 huar。

(3)韵母ㄝ单用的时候写成 ê。

(4)i 行的韵母,前面没有声母的时候,写成 yi(衣)、ya(呀)、ye(耶)、yao(腰)、you(忧)、yan(烟)、yin(因)、yang(央)、ying(英)、yong(雍)。

u 行的韵母,前面没有声母的时候,写成 wu(乌)、wa(蛙)、wo(窝)、wai(歪)、wei(威)、wan(弯)、wen(温)、wang(汪)、weng(翁)。

ü 行的韵母,前面没有声母的时候,写成 yu(迂)、yue(约)、yuan(冤)、yun(晕),ü 上两点省略。

ü 行的韵母跟声母 j,q,x 拼的时候,写成 ju(居)、qu(区)、xu(虚),ü 上两点也省略;但是跟声母 n,l 拼的时候,仍然写成 nü(女)、lü(吕)。

(5)iou、uei、uen 前面加声母的时候,写成 iu、ui、un,如 niu(牛)、gui(归)、lun(论)。

(6)在给汉字注音的时候,为了使拼式简短,ng 可以省作 ŋ。

四、声调符号

阴平	阳平	上声	去声
ˉ	ˊ	ˇ	ˋ

声调符号标在音节的主要母音上,轻声不标。例如:

妈 mā　麻 má　马 mǎ　骂 mà　吗 ma
(阴平) (阳平) (上声) (去声) (轻声)

五、隔音符号

a、o、e 开头的音节连接在其他音节后面的时候,如果音节的界限发生混淆,用隔音符号(')隔开,如 pi'ao(皮袄)。

二、《汉语拼音方案》的用途

1. 给汉字注音，作为帮助识字的工具

《汉语拼音方案》对字的音、形、义的规范起着重要作用。《汉语拼音方案》公布以后，《新华字典》《现代汉语词典》以及新编《辞海》等工具书，都用拼音字母给汉字注音。这样，人们就能够按音序或部首方便地把不会读或读不准、不会写或不解义的字查出来。实践证明，用汉语拼音来给汉字注音、扫盲，效果也十分显著。

2. 作为推广普通话行之有效的工具

普通话教学光靠口耳传授是不够的。有了《汉语拼音方案》，学习普通话的人就能经常练习、随时查考、不断矫正自己的发音，巩固学习成果。

3. 作为各少数民族创造和改革文字的共同基础

汉语拼音字母作为少数民族创造或改革文字的共同基础，发展了本民族语言，促进了各民族间的语言交融，对各民族之间的文化交流、互相学习，将起着越来越积极的作用。

4. 作为帮助外国人学习汉语的工具

有了《汉语拼音方案》，就可以用它来编印各种注音课本、拼音读物以及拼音词典，帮助学习汉语的外国朋友克服学习汉语时遇到的困难，提高学习效率。

此外，《汉语拼音方案》还可以用来音译外国的人名、地名和科技术语；用来解决字典、词典和索引的编辑以及有关检字的问题；用来解决汉字编码问题；用来解决电报、旗语以及应用文字代号，如科技代号问题等。

热点讨论

汉语拼音化可否行得通？你是如何看待这个问题的？

拓展学习

请扫码登录网站学习《汉语拼音方案》。

自我检测

一、什么是语音？语音和其他声音有哪些相同之处，又有哪些不同之处？

二、什么是音高、音强、音长、音色？在普通话里，它们各自都发挥着怎样的作用？

三、请对着镜子，说说你的发音器官各部分的名称及位置。

四、生活中的一些书、商品的标牌或包装上常常有汉语拼音，请你读一读下面的拼音，并在括号中写出汉字。

（1）HAI ER PAI（　　　　　）

（2）REN MIN FA YUAN（　　　　　）

（3）ZHONG GUO ZHI ZAO（　　　　　）

五、读拼音写句子。

（1）MING YUE SONG JIAN ZHAO

（2）XIANG JIAN HE TAI JI

（3）WEN QU NA DE QING RU XU

（4）HUA ZUO CHUN NI GENG HU HUA

第二章

声　　调

学习目标

● 知识目标

1. 掌握普通话声调的调类。
2. 掌握普通话声调的调值。
3. 了解普通话声调的调号。

● 能力目标

1. 正确辨明调类。
2. 正确读准调值。
3. 正确标注调号。

关键词

声调；分类；发音；辨正

知识导图

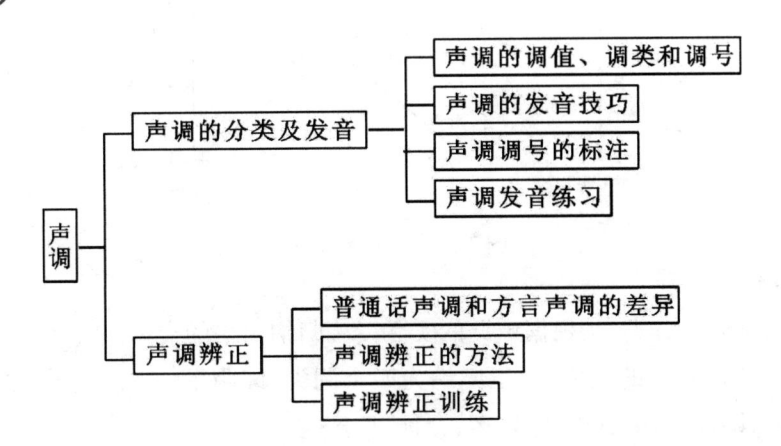

```
              ┌─ 声调的分类及发音 ─┬─ 声调的调值、调类和调号
              │                    ├─ 声调的发音技巧
              │                    ├─ 声调调号的标注
   声调 ──────┤                    └─ 声调发音练习
              │
              └─ 声调辨正 ─────────┬─ 普通话声调和方言声调的差异
                                   ├─ 声调辨正的方法
                                   └─ 声调辨正训练
```

第一节 声调的分类及发音

案例导入

一个中国小伙娶了一个外国妻子,这个外国妻子曾在中国留过学,中文也说得不错。一次聚餐,遇到一个她学中文时的男同学,她向丈夫介绍她的这个男同学时说:"他是我的同床。"小伙一听,脸色一下变了。但碍于场合,也没有发作。回到家后,小伙子就质问妻子:"你认识我以前还有一个男朋友,居然还上过床?"妻子一听,也懵了,立即辩解:"我说的是,他是我的同学。"小伙一听又气又笑。原来她想文雅地介绍说"他是我的同窗",但却因为声调掌握不准确,"同窗"变成了"同床"。

声调是汉语音节的高低升降的变化,音高的变化决定了声调的性质。声调同声母、韵母一样,具有区别意义的作用,它是音节中不可缺少的组成部分,能否准确掌握普通话声调是说好普通话的关键所在。

一、声调的调值、调类和调号

(一)调值

调值是指音节的高低、升降、曲直、长短的变化形式,也就是声调的实际读法。普通话有四种基本调值,用"五度标记法"表示,如图2-1所示。

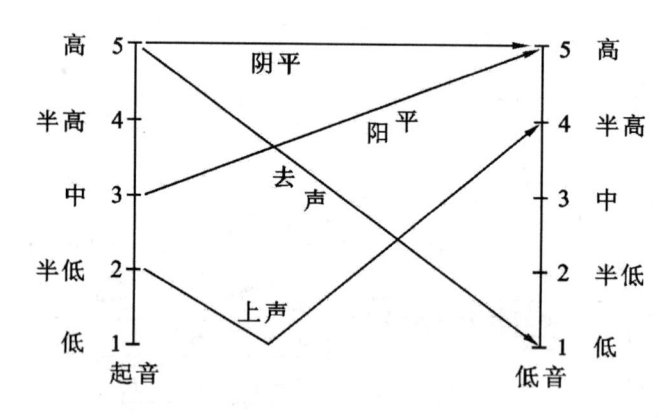

图2-1 五度标记法

(二)调类

调类是指声调的分类,是根据声调的实际读法归纳出来的类型。

普通话有四种基本的调值,所以归纳为四个调类,即阴平、阳平、上声、去声,习惯上也称为第一声、第二声、第三声、第四声,合称"四声"。

(三)调号

调号是声调的符号。《汉语拼音方案》规定普通话四种声调分别用-(阴平)、ˊ(阳平)、ˇ(上声)、ˋ(去声)四个符号来表示,这些调号的形状基本上是五度标记法的缩影。

表 2-1 普通话声调表

调值	调类	调号	调值说明	示例
55(高平)	阴平	-	起音高高一路平	花 huā
35(中升)	阳平	ˊ	由中升高逐渐强	行 xíng
214(降升)	上声	ˇ	先降后升尾上扬	好 hǎo
51(全降)	去声	ˋ	高起猛降到底层	下 xià

二、声调的发音技巧

(1)阴平(55)。发音时,声带拉紧,声音又高又平,从始到终没有明显的高低变化。

例如:出—发　飞—机　关—心　村—庄　吸—烟
　　　交—通　青—春　公—司　开—车　西—瓜
　　　加—工—车—间　珍—惜—光—阴
　　　喝—杯—咖—啡　交—通—公—司

(2)阳平(35)。发音时,声带由不松不紧到逐渐拉紧,声音由不高不低升到最高。

例如:人—民　联—合　园—林　原—则　文—明
　　　灵—活　儿—童　顽—皮　怀—疑　白—云
　　　牛—羊—成—群　严—格—执—行
　　　蓬—蓬—勃—勃　和—平—人—民

(3)上声(214)。发音时声带由较松慢慢到最松,再很快地拉紧,但没有拉到最紧。声音由较低慢慢到最低,再快速升高,但没有升到最高。降升调的音长在普通话四个声调中是最长的。

例如:古—典　舞—蹈　鼓—掌　打—搅　海—岛
　　　洗—澡　舀—水　米—粉　笔—筒　展—览
　　　男—女—平—等　竹—竿—毛—笔
　　　长—短—皮—袄　评—比—结—果

(注:四字成语中,一、三字为阳平调,二、四字为上声调)

(4)去声(51)。发音时,声带先拉紧,后放松。声音从最高快速降到最低。全降调的音长在普通话四个声调中是最短的。

例如:吝—啬　料—定　电—视　阵—地　部—队
　　　废—弃　大—概　剩—饭　竞—赛　会—议

胜—利—闭—幕　　电—报—挂—号

创—造—记—录　　正—确—判—断

三、声调调号的标注

《汉语拼音方案》规定:"声调符号标在音节的主要母音上,轻声不标。"也就是标注在音节中开口度较大、声音较响亮的主要元音上。汉语的单元音中,开口度最大的是a,随后依次是o、e和i、u、ü。标调时,音节中有a,就标在a上。没有a就标在o或e上。i、u开口度较小,发音也不太响亮,因此在iu或ui音节中,调号一般标在后一个元音上,如果调号正好标在i上,i上的一点省去不写。

有一段顺口溜,大体表明了调号标注位置的规律：

a、o、e、i、u、ü,

标调时,按顺序,

有a不放过,

没a找o、e,

i、u并排标在后。

四、声调发音练习

(一)辅助练习

对照调值的"五度标记法"图示,用指尖表示声调音高曲线的平、升、曲、降,朗读下列词语,让自己的发音跟着指尖走。

婉—转　冬—天　手—稿　偶—尔　美—景

白—雪　土—地　绿—草　开—花　白—云

整—理　终—于　哲—学　村—庄　打—雷

种—树　摘—花　漂—流　春—天　美—丽

枭—雄　灯—光　漂—亮　小—河　水—鸟

长—江　湖—北　山—东　高—山　流—水

诗—歌　米—奇　确—实　真—相　哲—学

语—文　璀—璨　湖—泊　昆—仑　小—楼

(二)辨明调值

听老师或同学用普通话读单字,请你重复一遍,并说出各字的调值。

1. 同调值单字听音

阴平

丹　吨　装　机　颁　操　趴　薪　班　编　兵　翻

风　堆　登　滔　勾　纲　筐　鸡　菌　精　锵　香

阳平

棚 瓶 迷 瞒 名 涂 抬 逃 糖 篮 凉 寒
骑 权 闲 型 弛 成 辰 溶 随 移 维 民

上声

捕 饱 丙 躺 筒 理 冷 感 检 讲 颈 遣
享 止 使 彩 蚁 咬 演 舞 伪 碗 稳 网

去声

片 胖 肺 递 戴 盗 谅 跪 汗 剂 姓 像
竖 氏 剩 醉 暗 义 厌 怨 误 位 万 问

2. 不同调值单字听音

温—文—吻—问　申—神—审—慎　先—贤—显—现　憨—寒—喊—汉
灰—回—悔—会　积—极—几—记　千—前—浅—欠　渊—源—远—院
箱—详—想—象　骁—淆—小—校　翻—凡—反—饭　窗—床—闯—创

(三)多音节字词练习

1. 两字同调连读练习

阴平 + 阴平

边区	发生	夫妻	翻身	分支	低温	担心	东西	天空	高中
沟通	甘心	工资	开支	刊登	呼吸	机车	积压	机关	交叉
交通	纠纷	今天	精心	秋天	青春	西欧	消失	硝酸	星期
招生	追究	车间	出生	冲突	书包	山峰	身边	医生	优先

阳平 + 阳平

平时	平凡	平行	模型	民俗	浮游	繁殖	调和	南极	凝结
联结	联盟	连同	灵魂	国营	和谐	回答	红旗	及时	集团
行人	着急	逐年	常年	惩罚	成员	重合	如何	人民	人群
遗留	移民	遗传	无从	摇头	尤为	为难	银行	严寒	延长

去声 + 去声

必要	部位	伴奏	复制	大气	地步	道路	对照	电荷	当作
动脉	利润	路过	顾忌	好事	号召	会见	纪念	计算	教授
羡慕	限度	线路	占据	震动	重大	甚至	热带	纵队	艺术
意味	议论	意境	意向	爱好	按照	案件	厌恶	宴会	验证

2. 两字同调分读练习

笔—杆　把—守　保—管　北—斗　本—领　表—演　补—语　采—访
草—稿　场—景　耻—辱　处—理　杵—舞　党—委　导—演　诋—毁

顶—点　抖—擞　粉—笔　腐—朽　感—染　苟—且　鼓—舞　管—理
好—感　火—种　检—讨　讲—演　尽—管　口—语　可—耻　老—板
理—解　美—好　恼—火　捧—场　品—种　犬—马　首—领　水—果

3. 两字异调连读练习

阴平 + 阳平

包围　标题　发芽　分歧　分别　方才　当局　东南　突然　脱离
天才　听觉　高原　规模　供求　功能　公民　科研　开门　机能
金额　坚实　精神　侵权　青年　消毒　消除　修辞　休眠　纤维
诸如　周年　追求　充足　抒情　说明　山头　商人　医学　医疗

阴平 + 上声

包裹　标准　发起　风雨　封锁　当选　挑起　推理　歌舞　高产
干扰　纲领　供给　公主　开始　基础　积累　交往　金属　艰苦
经理　惊喜　亲友　铅笔　吸取　修养　抓紧　针灸　中午　出口
出版　书写　山谷　深远　伤口　生理　生产　三角　依法　污染

阴平 + 去声

编制　兵力　剖面　发现　分配　分散　风速　都会　雕刻　孵蛋
突变　推测　听众　通过　歌剧　公式　供应　开放　空气　机构
肌肉　交代　尖锐　经费　期货　侵占　轻视　修复　兴奋　装置
出售　出现　超过　输入　收购　深夜　操作　依附　依据　依次

阳平 + 阴平

平分　毛巾　萌发　明天　民歌　名称　繁多　提供　图书　台风
投资　条约　同胞　南方　农村　离开　硫酸　国家　合金　回归
航空　宏观　急需　集资　集中　其他　其间　潮湿　沉思　乘机
崇高　儒家　人工　杂交　无知　维新　研究　延伸　盐酸　迎接

阳平 + 上声

平坦　评选　平等　门口　明显　防止　提取　图纸　陶冶　逃走
调解　停止　毛笔　竹尺　描写　峡谷　从此　流血　财产　茶水
长短　平缓　民主　全体　神往　调解　头脑　集体　成果　完整
沿海　嘲讽　杨柳　泥土　筹码　财宝　疗养　联想　觉醒　回想

阳平 + 去声

白菜　别致　薄弱　搏斗　伯父　驳斥　财政　残酷　惭愧　茶叶
缠绕　朝拜　嘲笑　沉默　陈述　成立　呈现　乘客　承认　崇尚
筹备　仇恨　纯正　从事　回忆　疾病　缘故　敌意　盈利　详细
随意　人物　奇迹　屏幕　评定　伶俐　连续　狂热　决策　局势

去声+阴平

罢工	拜托	报恩	扣押	碧空	必须	变迁	布衣	畅通	认真
撤销	衬托	称心	串通	创新	扩张	大纲	递交	定期	动机
对方	乐观	奉陪	众多	治安	预先	印刷	丧失	力争	日期
立方	荔枝	据说	客观	空缺	竞争	肃清	教师	轿车	害羞

去声+阳平

报国	贝壳	必然	便条	变革	病情	布局	步行	测量	称职
赤诚	串联	大门	带头	道德	动摇	洞房	负责	共鸣	会谈
正常	证明	种田	制裁	预防	意图	异常	笑容	橡皮	练习
骗局	刻薄	扣除	矿石	蜡烛	浪潮	乐园	例题	救援	竟然

去声+上声

罢免	拜访	报喜	避免	变脸	部署	布景	颤抖	忏悔	趁早
次品	大米	代理	瞪眼	地点	定语	对比	大手	妇女	政府
重奖	效果	料理	烈火	劣等	历史	立场	具体	靠拢	刻苦
况且	谅解	硕果	饲养	四海	教导	叫喊	报纸	对手	素养

4. 两字异调分读练习

上声+阴平

把—关	保—镖	本—身	贬—低	饼—干	补—贴	产—生	打—击
导—师	抵—消	普—通	剪—刀	小—康	喜—欢	采—风	傻—瓜
老—师	脑—筋	九—州	紧—张	起—居	减—轻	简—单	假—装
首—都	海—军	赶—超	港—湾	敞—开	北—京	摆—脱	娶—亲
指—标	展—开	早—春	永—生	眼—光	惋—惜	体—操	首—先

上声+阳平

保—存	宝—石	本—能	表—达	补—习	有—钱	产—值	党—员
整—齐	倒—霉	感—情	整—洁	饮—食	小—学	扫—描	楷—模
考—核	朗—读	理—由	礼—仪	警—察	水—平	解—除	简—明
海—峡	裹—挟	手—足	浅—谈	迥—然	火—红	谴—责	起—源
普—及	品—德	女—神	美—学	满—足	伙—食	扯—皮	检—查

上声+去声

把—握	保—护	宝—贵	本—性	宝—剑	比—赛	鄙—视	补—课
惨—淡	产—量	阐—述	厂—矿	场—面	吵—闹	耻—笑	丑—化
处—分	闯—荡	蠢—货	打—架	胆—量	党—性	捣—乱	等—待
感—叹	赶—快	广—济	巩—固	毁—坏	享—受	火—热	种—类
远—见	引—诱	响—亮	瓴—碎	忍—受	领—袖	考—虑	可—笑

5.四字同调分读练习

阴平:春—天—花—开　居—安—思—危　东—风—飘—香
阳平:提—前—完—成　豪—情—昂—扬　回—国—华—侨
上声:党—委—领—导　理—想—美—好　产—品—展—览
去声:创—造—世—界　日—夜—变—化　运—动—大—会

6.四声顺序连读练习

千锤百炼　风调雨顺　光明磊落　呼朋引伴　生活朴素　钻研讨论　诗文笔记
中流砥柱　天然景象　英雄好汉　身强体壮　争前恐后　花红柳绿　山盟海誓

7.四声逆序连读练习

背井离乡　智勇无双　妙手回春　万古长青　大显神威　逆水行舟　兔死狐悲
痛改前非　调虎离山　字里行间　具体而微　大有文章　刻苦读书　万古流芳

8.四声交错连读练习

百炼成钢　满园春色　龙飞凤舞　排山倒海　不堪回首　集思广益　不胫而走
马到成功　班门弄斧　始终不服　和风细雨　暮鼓晨钟　万马齐喑　非常美丽
积极努力　四海为家　驷马难追　覆水难收　寿比南山　金玉满堂　长生不老

(四)拓展训练

1.姓氏辨音

包—鲍　边—下　伏—甫　火—霍　牟—穆　福—府　宿—许　吴—武　郝—昊
黎—李　戈—葛　王—汪　颜—晏—燕

2.读准十个天干的调值

甲　乙　丙　丁　戊　己　庚　辛　壬　癸

3.读准十二地支(生肖)的调值

子(鼠)　丑(牛)　寅(虎)　卯(兔)　辰(龙)　巳(蛇)
午(马)　未(羊)　申(猴)　酉(鸡)　戌(狗)　亥(猪)

4.朗读并注意每个字的调值

这里是太阳眷恋的东方,长江在这里孕育,希望在这里茁壮成长;这里是海风吹醒的地方,种子在这里萌动,思想在这里豁然开朗。回首三年路,记住奋斗的甘苦,但不沉醉于成功的喝彩。挥挥手,不带走一片云彩。笑看三年情,握住共同的理想,但不沉迷于遥远的幻想。握握手,未来在我们自己手中。这就是我们年轻的东方,它充满无穷的力量。

> 拓展学习

请扫码登录网站学习《普通话声调的发音方法和技巧》与《声调资料》。

第二节 声调辨正

> 案例导入

农贸市场上一个卖鱼的扯着嗓子一个劲地叫喊着:"鱼啦,鱼啦。"旁边一个来自山东的卖枣商贩也不甘示弱,紧接着嚷:"糟(枣)啦,糟(枣)啦。""鱼啦。""糟啦。""鱼啦。""糟啦。"卖鱼的越听越不对劲,觉得卖枣的好像有意跟他作对,于是两个人就吵了起来。

一、普通话声调和方言声调的差异

方言声调和普通话声调都是由古汉语的"平声、上声、去声、入声"四声演变来的,它们与古四声的分类和关系各不相同。

从调类上来说,绝大多数方言和普通话一样,从古平声中分出阴平、阳平两类。其中,北方官话区方言绝大多数没有入声,并且和普通话一样也都保留了古汉语的上声和去声,如济南、沈阳、兰州、西安、开封、成都、汉口等地方言声调的调类与普通话的调类一致,都是阴平、阳平、上声、去声四类,而且各调所包含的汉字也大致相同。而北方官话区外的其他方言区都保留了古汉语的入声,如吴方言区、湘方言区、赣方言区、客家方言区、闽方言区、粤方言区以及分布于山西、河北、河南、陕西、内蒙古自治区等五省区的晋语方言。

从调值上来说,各方言区与普通话多有不同。例如,西安话、临汾话与普通话的调类尽管一致,但调值有明显的差别,如普通话的阴平是高平调(55),而西安话、临汾话的阴平为中降调(31)。这是方言区的人学习普通话声调的一个重要难点,保留古入声的方言区人学习普通话除了注意调值问题外,还要特别注意入声字在普通话声调中的归类问题。

二、声调辨正的方法

1. 读准普通话声调调值

数调法,就是先拼出一个音节,读第一声,然后按四声的顺序数读到要读的那个声调为止,如读"把"字,先从第一声读,再读第二声,读到第三声时停止,可以采用连续把一、二、三声读完,紧接着回读第三声,就是你要读的"把"字的读法。

韵母定调法,就是先定准一个音节中韵母的声调,然后声、韵相拼直接读出带声调的音节,如读"上"字,先读准韵母 ang 的第四声,再让 sh 和 ang 的第四声相拼,直接读出"上"。

2. 改读方言调值为普通话调值

方言声调尽管复杂,但如果我们归纳出方言调类、调值与普通话调类、调值的对应关系,就可以直接按对应关系规律把方言调值改读普通话调值。如"方"在西安话、临汾话中属于阴平,调值是中降调(31);在普通话中也属于阴平,调值是高平调(55),那么,把"方"的中降调(31)改读为高平调(55),就是普通话的调值了。现将北方官话区几个主要方言片的声调和普通话的声调对应关系列表,如表2-2~表2-5所示,作为北方官话区人进行声调改读来用,也作为其他不同方言区人们的参考。

表2-2 开封话声调调值和普通话声调调值

调类	河南话调值	普通话调值	辨正方法	例字
阴平	24	55	中升变高平	妈
阳平	42	35	半降变中升	麻
上声	55	214	高平变降升	马
去声	31	51	起调提高	骂

表2-3 西安话声调调值和普通话声调调值

调类	西安话调值	普通话调值	辨正方法	例字
阴平	31	55	半降变高平	妈
阳平	24	35	增大升幅	麻
上声	53	214	高降变降升	马
去声	55	51	高平变全降	骂

表2-4 兰州话声调调值和普通话声调调值

调类	兰州话调值	普通话调值	辨正方法	例字
阴平	31	55	半降变高平	妈
阳平	53	35	高降变中升	麻
上声	442	214	平降变降升	马
去声	13	51	低升变全降	骂

表 2-5　临汾话声调调值和普通话声调调值

调类	临汾话调值	普通话调值	辨正方法	例字
阴平	31	55	半降变高平	妈
阳平	24	35	增大升幅	麻
上声	53	214	高降变降升	马
去声	55	51	高平变全降	骂

3. 辨清古入声字的归类

我们在寻找方言与普通话的对应关系的时候,发现相当一部分字无法与普通话对应,这些字大都是古入声字。

北方官话区的方言和普通话一样,古入声字已经消失。古入声字在普通话和北方方言区的其他方言中的归并差别很大。所以,对于入声已经消失的方言区来说,古入声字的改读需要分两个步骤:首先弄清古入声字在自己方言里的归并情况,可以参考《普通话与各地方言声调对照表》识别入声字;然后参照《古入声字普通话读音表》改读其调值。而对于入声未消失的方言区的人来说,只要丢掉入声的塞音韵尾,再将声调改读为与普通话相应的调值即可。

识别入声字的方法可以采用以下方法。

1)记少不记多

古入声字在普通话中归并的大致情况是一半以上归入去声,三分之一以上归入阳平,二者合计占入声字总数的六分之五以上,剩下的少数入声字归入阴平和上声,其中归入上声的最少。先记住这些少数字,再记住归入阳平的字,把其余的入声字都读成去声,就可以掌握古入声字在普通话中的读音了。

2)借助声母、韵母和声调

(1)所有鼻韵母音节的字都不是入声字。

(2)符合以下几条规则的大都是入声字:声母是 b、d、g、j、zh、z 的阳平字;声母是 zh、ch、sh、r 的 uo 韵母字;声母是 f 的 a 和 o 韵母字;声母是 p、t、m、n、l 的 ie 韵母字;üe 韵母字。

3)熟读入声字歌诀

一六七,八十百,首蓿绿,割大麦。

腊月日,积落雪,逐白鹿,射黑貊。

菊竹洁,玉璞碧,荻叶赤,柏直立。

卒执槊,伐敌国,猾贼恶,莫捉错。

鳄食肉,鹤啄木,鳖喝粥,獭独哭。

北极湿,岳麓热,蝶悉逸,蚱灭绝。

墨客脱袜,合睫即榻,毒蝎突出,赤足摸蜡。

拆屋扒阁,砸脚喋血,喝药缩舌,吃蜜节约。
伯乐学习,石碏服役,郤克寂寞,墨翟歇息。
击碟拍钵,不识弈乐,即席瞎说,邋遢缺德。

三、声调辨正训练

(一)读准普通话调值训练

1. 阴平训练

练习时可在阴平后紧接一个去声字,以免阴平起步不到位。如:

沙漠　开阔　需要　空气　科技　督促　车站　阶段　关键　心脏
书面　压迫　当代　生命　公布　肌肉　拍摄　脱落　哭泣　高炮

2. 阳平训练

练习时可在阳平后紧接一个阴平字,以免尾音升不到位。如:

直接　回声　国家　杰出　农村　阳光　时间　台阶　石碑　皮靴
牙刷　年轻　提出　云梯　红灯　长江　难听　毛衣　浮雕　崇高

3. 上声训练

练习时可在上声前加一个阴平字,以免上声起步不到位。如:

清早　根本　金属　标本　山水　生产　多少　高雅　开始　花草
星体　发展　思考　春水　风景　捐款　夸奖　敷衍　施展　光彩

4. 去声训练

练习时可在去声后加一个阳平字,以便凸显去声下降的调值。如:

洽谈　问题　下旬　确实　自由　路途　列席　灭亡　谢绝　化学
内容　阅读　蕴藏　政权　富强　质疑　论文　送行　斥责　蜡烛

(二)对比调值训练

截机—阶级　春节—纯洁　鲜花—献花　松鼠—松树　会意—回忆
长方—厂房　枝叶—职业　新意—信义　原样—远洋　贺信—核心
题材—体裁　司机—四季　时节—使节　申请—深情　裁决—采掘
肇事—找事　鲜鱼—闲语　指导—直到　中华—种花　乘法—惩罚
医务—遗物　实施—事实　籍贯—机关　突然—徒然　导演—导言
佳节—假借　展览—湛蓝　面前—棉签　天才—甜菜　艰巨—检举
主体—主题　无助—物主　指示—致使　几时—计时　整洁—政界
冲锋—重逢　灰白—回拜　无疑—武艺　化学—滑雪　大雪—大学
百年—拜年　齐全—弃权　注意—竹椅　从师—从事　孤立—鼓励
巫术—武术　河水—喝水　管理—惯例　完了—晚了　摆脱—拜托

(三)拓展训练

1. 绕口令诵读声调训练

(1)施氏食狮史:石室诗士施氏,嗜狮,誓食十狮。氏时时适市视狮。十时,适十狮适市。是时,适施氏适市。氏视十狮,恃矢势,使是十狮逝世。氏拾是十狮尸,适石室。石室湿,氏使侍拭石室。石室拭,氏始试食十狮尸。食时,始识是十狮尸,实十石狮尸。试释是事。(赵元任)

(2)姥姥喝酪,酪落姥姥捞酪。舅舅捉鸠,鸠飞舅舅揪鸠。妈妈骑马,马慢妈妈骂马。妞妞扭牛,牛拗妞妞拧牛。

(3)山前有个严圆眼,山后有个严眼圆,二人山前来比眼。不知是严圆眼的眼比严眼圆的眼圆,还是严眼圆的眼比严圆眼的眼圆。

(4)石勇、施庸,研究时钟。刻苦十冬,终于成功。通过试用,非常实用,"狮勇"时钟,都爱使用。

(5)小石与小史,俩人来争执。小石说"正直"应该读"政治",小史说"整治"应该念"整技"。俩人争得面红耳赤,谁也没读准"正直""整治""政治"和"整技"。

(6)时时注意,形势时事,事事报道,绝不失实,重大史实,写成史诗,可贵之处,实事求是。

2. 诗文诵读声调训练

(1)《静夜思》(李白)
床前明月光,疑是地上霜。
举头望明月,低头思故乡。

(2)《枫桥夜泊》(张继)
月落乌啼霜满天,江枫渔火对愁眠。
姑苏城外寒山寺,夜半钟声到客船。

(3)《春晓》(孟浩然)
春眠不觉晓,处处闻啼鸟。
夜来风雨声,花落知多少。

(4)《点绛唇·感兴》(王禹偁)
雨恨云愁,江南依旧称佳丽。水村渔市,一缕孤烟细。
天际征鸿,遥认行如缀。平生事,此时凝睇,谁会凭栏意。

3. 儿歌诵读声调训练

(1)走走走,向前走!找个朋友,手拉手!
走走走,向回走!走到家里,等朋友!

(2)小花猫,喵喵叫。

不洗脸,把镜照。

左边瞧,右边瞧。

埋怨镜子脏,气得胡子翘。

(3)一像小棍儿,敲敲敲;二像剪刀,剪剪剪;

三像叉子,叉叉叉;四像铲子,铲铲铲;

五像小手,拍拍拍;六像电话,喂喂喂;

七像镊子,镊镊镊;八像手枪,啪啪啪;

九像钩子,钩钩钩;十像麻花,吃吃吃。

(4)小朋友,过马路,红绿灯看清楚:红灯停,绿灯行,黄灯亮了,等一等。

(5)丽丽有盒橡皮泥,揉好泥儿捏个梨。

捏好梨儿捏狐狸,捏了狐狸还有泥。

(6)绿青蛙,叫呱呱,蹦到地里看西瓜。

西瓜夸蛙唱得好,蛙夸西瓜长得大。

4. 朗读下列诗词,识记韵脚的入声字

(1)《古风》(其二十四)(李白)

大车扬飞尘,亭午暗阡陌。

中贵多黄金,连云开甲宅。

路逢斗鸡者,冠盖何辉赫。

鼻息干虹蜺,行人皆怵惕。

世无洗耳翁,谁知尧与跖!

(2)《哀江头》(杜甫)

少陵野老吞声哭,春日潜行曲江曲。

江头宫殿锁千门,细柳新蒲为谁绿?

忆昔霓旌下南苑,苑中景物生颜色。

昭阳殿里第一人,同辇随君侍君侧。

辇前才人带弓箭,白马嚼啮黄金勒。

翻身向天仰射云,一箭正坠双飞翼。

明眸皓齿今何在?血污游魂归不得。

清渭东流剑阁深,去住彼此无消息。

人生有情泪沾臆,江水江花岂终极。

黄昏胡骑尘满城,欲往城南望城北。

(3)《江雪》(柳宗元)

千山鸟飞绝,万径人踪灭。

孤舟蓑笠翁,独钓寒江雪。

(4)《忆秦娥·箫声咽》(李白)

箫声咽,秦娥梦断秦楼月。秦楼月,年年柳色,灞陵伤别。

乐游原上清秋节,咸阳古道音尘绝。音尘绝,西风残照,汉家陵阙。

(5)《满江红·写怀》(岳飞)

怒发冲冠,凭栏处、潇潇雨歇。抬望眼,仰天长啸,壮怀激烈。三十功名尘与土,八千里路云和月。莫等闲、白了少年头,空悲切。

靖康耻,犹未雪。臣子恨,何时灭！驾长车,踏破贺兰山缺。壮志饥餐胡虏肉,笑谈渴饮匈奴血。待从头、收拾旧山河,朝天阙。

(6)《声声慢·寻寻觅觅》(李清照)

寻寻觅觅,冷冷清清,凄凄惨惨戚戚。乍暖还寒时候,最难将息。三杯两盏淡酒,怎敌他、晚来风急？雁过也,正伤心,却是旧时相识。

满地黄花堆积,憔悴损,如今有谁堪摘？守着窗儿,独自怎生得黑？梧桐更兼细雨,到黄昏、点点滴滴。这次第,怎一个愁字了得！

(7)《雨霖铃·寒蝉凄切》(柳永)

寒蝉凄切,对长亭晚,骤雨初歇。都门帐饮无绪,留恋处,兰舟催发。执手相看泪眼,竟无语凝噎。念去去,千里烟波,暮霭沉沉楚天阔。

多情自古伤离别,更那堪冷落清秋节！今宵酒醒何处？杨柳岸,晓风残月。此去经年,应是良辰好景虚设。便纵有千种风情,更与何人说？

热点讨论

讨论并列出自己所在方言区的声调与普通话声调的不同。

拓展学习

请扫码学习《古入声字普通话读音表》和《普通话与方言声调对照表》。

自我检测

一、准确读出以下100个单音节(注意读准声调的调值)。

聊	劝	丢	馆	抗	法	昭	鸟	箔	雪
涮	砌	壤	猜	煤	胸	笋	下	瞟	闽
察	字	穷	搓	讽	愈	睁	次	哑	儿

春	如	氨	钡	军	末	涂	撑	撰	凝
锦	良	徽	申	仄	弯	糖	漏	值	狗
历	尺	最	来	物	狠	探	顶	运	彭
挂	骚	坎	油	广	捐	袄	瘌	我	阳
扩	烦	需	筒	尊	欠	德	秸	容	面
黑	娘	傻	屑	警	迭	踹	偏	剁	脓
陡	鳃	闯	抛	弱	倪	刷	醋	甩	栽

二、按照普通话调值，把上述各字归入阴平、阳平、上声、去声四个调类中。

阴平(55)：

阳平(35)：

上声(214)：

去声(51)：

三、声调自测：朗读一段短文或者诗歌，用手机录音，邀请其他同学一起进行"声调诊断"，根据"诊断书"自己纠正。

第三章

声　母

学习目标

● 知识目标

掌握普通话声母的发音要领;具备声母辨正的能力;了解本地方言语音与普通话语音中声母的对应规律。

● 能力目标

通过声母辨音练习,改变不正确的发音方法;明确本地方言语音与普通话语音中声母的对应关系,并能在口语表达中纠正方言音,提升普通话表达能力。

关键词

声母;分类;发音;辨正

知识导图

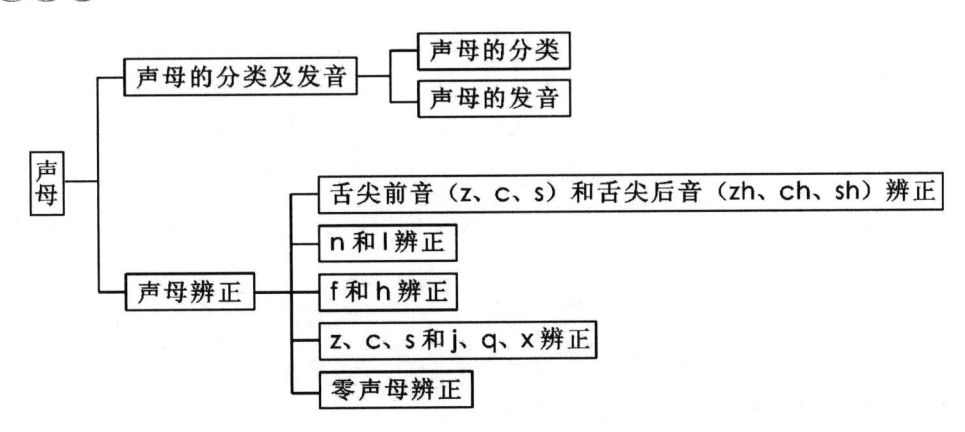

```
              ┌─ 声母的分类及发音 ─┬─ 声母的分类
              │                    └─ 声母的发音
声母 ─────────┤
              │                    ┌─ 舌尖前音(z、c、s)和舌尖后音(zh、ch、sh)辨正
              │                    ├─ n和l辨正
              └─ 声母辨正 ─────────┼─ f和h辨正
                                   ├─ z、c、s和j、q、x辨正
                                   └─ 零声母辨正
```

29

第一节 声母的分类及发音

案例导入

刘老伯在大声叫卖:"卖月饼了,卖月饼了,四(十)块钱十(四)个。"很多人都围过来买这"便宜"月饼,到付款时,才明白月饼是十块钱四个,有些顾客开始吵起来。

点评:刘老伯发音时 sh 和 s 不分,造成了信息传达的失误,引来顾客的不满。

子夜久难明,喜报东方亮。此日笙歌颂太平,众口齐欢唱。

——王力《声母诗》

声母是中国传统音韵学术语,简称为"声",指汉语音节开头的辅音。普通话中有 22 个声母,其中 21 个辅音声母,即 b、p、m、f、d、t、n、l、g、k、h、j、q、x、zh、ch、sh、r、z、c、s,还有一个零声母。辅音发音时,气流通过口腔或鼻腔时要受到阻碍,需要克服阻碍而发出声音。辅音的发音由发音部位和发音方法决定,可以根据声母的发音部位和发音方法给声母进行分类。

一、声母的分类

(一)根据发音部位分类

发音部位就是发音时气流受到阻碍的位置。根据声母发音部位的不同,普通话声母可以分为七类:

(1)双唇音:由上下唇构成阻碍而形成的音。共有 3 个:b、p、m。

(2)唇齿音:由上齿和下唇构成阻碍而形成的音。共有 1 个:f。

(3)舌尖前音(平舌音):由舌尖和上齿背构成阻碍而形成的音。共有 3 个:z、c、s。

(4)舌尖中音:由舌尖和上齿龈构成阻碍而形成的音。共有 4 个:d、t、n、l。

(5)舌尖后音(翘舌音):由舌尖和硬腭前端构成阻碍而形成的音。共有 4 个:zh、ch、sh、r。

(6)舌面音:由舌面前部和硬腭前部构成阻碍而形成的音。共有 3 个:j、q、x。

(7)舌根音:由舌根和软腭构成阻碍而形成的音。共有 3 个:g、k、h。

(二)根据发音方法分类

辅音的发音可分为三个阶段:形成阻碍(成阻)——保持阻碍(持阻)——排除阻碍(除阻)。

发音方法指形成和消除阻塞或阻碍的方式。按发音方法分类,可以从以下三个方面进行分类,如表3-1所示。

1)根据形成阻碍和解除阻碍的方式,可以把声母分为塞音、擦音、塞擦音、鼻音、边音五类

(1)塞音:发音时,发音部位紧闭阻塞住气流;然后保持对气流的阻塞,同时鼓动气流,使阻塞部位后面的气压升高;最后让高压气流冲破阻塞,爆发成声。塞音又叫爆破音或破裂音。如b、p、d、t、g、k。

(2)擦音:发音时,两个发音部位靠近,形成一条狭缝,对气流形成阻碍;然后逐渐克服阻碍,让气流从窄缝中挤出,摩擦成声。如f、h、s、sh、r、x。

(3)塞擦音:即先塞后擦的音。发音时,发音器官的相关部位紧闭;持阻时保持阻塞;然后打开一条窄缝,气流从窄缝中挤出,摩擦成声。如j、q、z、c、zh、ch。

(4)鼻音:发音时,口腔中阻碍气流的部位完全闭塞,软腭下降,打开鼻腔通道,气流振动声带,从鼻腔通过。如m、n。

(5)边音:发音时,舌尖与上齿龈接触,声带振动,软腭抬升,舌头的两边留有空隙,气流从舌头两边通过。如l。

2)根据发音时气流的强弱,可以把声母中的塞音、塞擦音分为送气音和不送气音两类

(1)送气音:发音时,口腔呼出的气流比较强,如p、t、k、q、ch、c。

(2)不送气音:发音时,口腔呼出的气流比较弱,如b、d、g、j、zh、z。

3)根据发音时声带是否颤动,可以把声母分成清音和浊音两类

(1)清音:发音时,声带不振动,如b、p、d、t、g、k、h、f、j、q、x、zh、ch、sh、z、c、s。

(2)浊音:发音时,声带振动,如m、n、l、r。

表3-1 普通话声母总表

发音部位 \ 发音方法	塞音 不送气	塞音 送气	塞擦音 不送气	塞擦音 送气	擦音 清音	擦音 浊音	鼻音 浊音	边音 浊音
双唇音	b	p					m	
唇齿音					f			
舌尖前音			z	c	s			
舌尖中音	d	t					n	l
舌尖后音			zh	ch	sh	r		
舌面音			j	q	x			
舌根音	g	k			h			

二、声母的发音

1. 双唇音

b——双唇、不送气、清、塞音

双唇闭合,软腭上升,堵塞鼻腔通道,然后气流冲破双唇的阻碍,声带不振动,气流较弱。例如:

辨别　板报　冰雹　颁布　奔波　冰棒　标本　褒贬

p——双唇、送气、清、塞音

除气流较强外,其他发音特点都与b同。例如:

偏僻　琵琶　瓢泼　乒乓　澎湃　批评　匹配　偏旁

m——双唇、浊、鼻音

双唇闭合,软腭下降,声带振动,气流从鼻腔通过。例如:

美妙　美满　麦苗　明媚　弥漫　面貌　盲目　命名

2. 唇齿音

f——唇齿、清、擦音

上齿挨着下唇内缘,形成窄缝,软腭上升,堵塞鼻腔通道,气流从唇齿间的缝隙中通过,摩擦成声,声带不振动。例如:

反复　肺腑　非凡　芬芳　丰富　方法　发奋　仿佛

3. 舌尖前音

z——舌尖前、不送气、清、塞擦音

舌尖抵住上齿背,声带不振动,软腭上升,堵塞鼻腔通道,较弱的气流冲开阻塞,形成一条窄缝,摩擦成声。例如:

自尊　宗族　曾祖　藏族　走卒　造作　总则　罪责

c——舌尖前、送气、清、塞擦音

除气流较强外,其他发音特点都与z同。例如:

仓促　苍翠　草丛　参差　层次　粗糙　催促　措辞

s——舌尖前、清、擦音

舌尖接近上齿背,留出窄缝,声带不振动,软腭上升,堵塞鼻腔通道,气流从窄缝中挤出,摩擦成声。例如:

思索　色素　酸涩　诉讼　琐碎　洒扫　松散　速算

4. 舌尖中音

d——舌尖中、不送气、清、塞音

舌尖抵住上齿龈,形成阻塞,软腭上升,堵塞鼻腔通道,气流到达口腔后蓄气,突然冲

破舌尖的阻碍,声带不振动,气流较弱。例如:

　　道德　单独　当代　等待　调动　打断　跌倒　单调

　　t——舌尖中、送气、清、塞音

　　除气流较强外,其他发音特点都与 d 同。例如:

　　谈吐　探讨　淘汰　天堂　疼痛　团体　妥帖　体贴

　　n——舌尖中、浊、鼻音

　　舌尖抵住上齿龈,软腭下降,打开鼻腔通道,声带振动,气流从鼻腔通过。例如:

　　奶牛　南宁　农奴　恼怒　能耐　男女　泥泞　扭捏

　　l——舌尖中、浊、边音

　　舌尖抵住上齿龈,软腭上升,堵塞鼻腔通道,声带振动,气流从舌尖两边通过。例如:

　　来历　嘹亮　拉拢　留恋　领略　力量　联络　履历

5. 舌尖后音

　　zh——舌尖后、不送气、清、塞擦音

　　舌尖上翘,抵住硬腭前部,声带不振动,软腭上升,堵塞鼻腔通道,较弱的气流冲开阻塞,形成一条窄缝,从舌尖和硬腭前部之间的缝隙中挤出,摩擦成声,气流较弱。例如:

　　真正　政治　转折　战争　茁壮　庄重　制止　支柱

　　ch——舌尖后、送气、清、塞擦音

　　除气流较强外,其他发音特点都与 zh 同。例如:

　　长城　出产　车床　踌躇　橱窗　驰骋　超长　茶场

　　sh——舌尖后、清、擦音

　　舌尖上翘,接近硬腭前部,形成一道窄缝,软腭上升,堵塞鼻腔通道,气流从舌尖和硬腭前部之间的缝隙中挤出,摩擦成声,声带不振动。例如:

　　审视　山水　闪烁　舒适　神圣　赏识　事实　硕士

　　r——舌尖后、浊、擦音

　　除声带振动外,其他发音特点都与 sh 同。例如:

　　仍然　柔韧　忍让　软弱　容忍　荏苒　融入　如若

6. 舌面音

　　j——舌面、不送气、清、塞擦音

　　舌面前部抵住硬腭前部,声带不振动,软腭上升,堵塞鼻腔通道,较弱的气流冲开阻塞,形成一条窄缝,摩擦成声。例如:

　　京剧　坚决　经济　倔强　军舰　捷径　间接　聚焦

　　q——舌面、送气、清、塞擦音

　　除气流较强外,其他发音特点都与 j 同。例如:

亲切　秦腔　气球　确切　清泉　情趣　恰巧　窃取

x——舌面、清、擦音

舌面前部接近硬腭前部,留出窄缝,声带不振动,软腭上升,堵塞鼻腔通道,气流从舌面前部和硬腭前部之间的缝隙中挤出,摩擦成声。例如：

学校　虚心　星宿　遐想　新鲜　细小　相信　象形

7. 舌根音

g——舌根、不送气、清、塞音

舌根抵住软腭,声带不振动,软腭上升,堵塞鼻腔通道,较弱气流冲破舌根的阻碍。例如：

高歌　改革　高贵　国歌　灌溉　巩固　更改　尴尬

k——舌根、送气、清、塞音

除气流较强外,其他发音特点都与g同。例如：

慷慨　开垦　宽阔　可口　空旷　刻苦　坎坷　困苦

h——舌根、清、擦音

舌根接近软腭,形成一道窄缝,声带不振动,软腭上升,堵塞鼻腔通道,气流从舌根和软腭之间的缝隙中挤出,摩擦成声。例如：

辉煌　欢呼　好汉　航海　绘画　黄河　浑厚　互惠

8. 零声母

音节开头没有辅音声母的音节叫零声母音节。零声母也是一种声母。例如：

偶尔 ǒu'ěr　　恩爱 ēn'ài　　洋溢 yángyì　　游泳 yóuyǒng
慰问 wèiwèn　　外文 wàiwén　　孕育 yùnyù　　圆月 yuányuè

拓展学习

请扫码进行关于声母发音的练习。

第二节　声母辨正

案例导入

请分别用自己的家乡话和普通话读下面绕口令：

1. 六六妞妞去放牛,大牛小牛有六头。六六拉着大牛走,妞妞牵着小牛遛。六头牛,牛六头,六六妞妞,妞妞六六都爱牛。

2. 我说人,他说银,我说让,他说样,我说人遇事要忍让,他说银遇事要隐样,我教他半天忍让,他就是只说隐样,最后还是分不清忍让和隐样。

3. 刚往窗上糊字纸,你就隔着窗户撕字纸。一次撕下横字纸,一次撕下竖字纸。横竖两次撕下四十四张湿字纸。是字纸你就撕字纸,不是字纸你就不要撕来撕去撕一地纸。

一、舌尖前音(z、c、s)和舌尖后音(zh、ch、sh)辨正

1. 发音辨正

z、c、s 是舌尖前音,发音时舌尖平伸,抵住或靠近上齿背。

zh、ch、sh 是舌尖后音,发音时舌头放松,舌尖轻巧地翘起来接触或靠近硬腭前部。

2. 辨正方法

1) 记少不记多

在普通话常用汉字中,平舌音比翘舌音少很多,所以记住平舌音的字,剩下的舌尖音大多数都是翘舌音的字了。在常用字范围内,平舌音字有262个,翘舌音字有624个,大体是3:7的比例。

2) 形声字偏旁类推法

利用形声字的偏旁进行辨别。同偏旁的字声母一般相同,可以以此辨别。例如:

卒 zu——翠 碎 醉 悴 粹 淬 猝 瘁 萃 啐

申 shen——伸 神 审 婶 呻 绅

3) 声韵配合规律法

利用声母和韵母的拼合规则,记住哪些声母不能和哪些韵母相拼,则对应的字就可以辨别了。

(1) 韵母 ua、uai、uang 只和 zh、ch、sh 相拼,不和 z、c、s 相拼。

例如:"爪、刷、拽、帅、踹、庄、装、妆、桩、壮、状、撞、幢、创、窗、床、闯、双、霜"等都读翘舌音。

(2) 韵母 ong 只可以跟声母 s 相拼,不能同 sh 相拼。

例如:"送、诵、松、宋、颂、嵩、悚、耸、讼"等都读平舌音。

(3) 韵母 en 通常和 zh、ch、sh 相拼,除"怎、森、参(差)、岑、涔、噆"外。

例如:真 振 枕 贞 陈 衬 趁 深 神 什 甚

3. 对比训练

1）字的对比

z—zh 早—找 增—蒸 最—缀 尊—谆 赞—占 匝—渣
c—ch 从—虫 财—柴 村—春 蚕—蝉 催—吹 窜—串
s—sh 苏—书 搜—收 伞—闪 桑—商 涩—射 飒—厦

2）组词对比

z—zh	组织	增长	杂志	自重	宗旨	遵照	作者	栽种	紫竹
zh—z	种族	沼泽	振作	职责	指责	著作	壮族	准则	知足
c—ch	财产	操场	采茶	彩绸	餐车	残喘	催产	存储	促成
ch—c	唱词	纯粹	差错	场次	陈词	成材	楚辞	揣测	春蚕
s—sh	散失	桑葚	丧失	私塾	算术	随身	岁首	琐事	素食
sh—s	上诉	哨所	山色	深思	深邃	神色	神速	收缩	守岁
zh—ch	战场	真诚	章程	忠诚	支撑	专车	主持	追查	征程
ch—zh	出诊	车站	成长	纯真	沉重	垂直	产值	车轴	冲撞
zh—sh	智商	战胜	知识	折扇	直率	祝寿	终身	注释	篆书
sh—zh	舒展	诗章	善战	首长	述职	食指	神州	设置	时装
ch—sh	出生	重申	沉睡	传授	出师	陈设	充实	纯熟	产生
sh—ch	深沉	舒畅	审查	视察	山茶	水产	市场	书橱	盛产

3）绕口令练读

（1）三哥三嫂子，借我三斗三升酸枣子。明年上山摘了酸枣子，如数奉还三哥三嫂子三斗三升酸枣子。

（2）山前有四十四棵涩柿子树，山后有四十四只石狮子，山前的四十四棵涩柿子树，涩死了山后的四十四只石狮子，山后的四十四只石狮子，咬死了山前的四十四棵涩柿子树，不知是山前的四十四棵涩柿子树涩死了山后的四十四只石狮子，还是山后的四十四只石狮子咬死了山前的四十四棵涩柿子树。

（3）四是四，十是十，十四是十四，四十是四十。谁说十四是四十，或说四十是十四，轻者造误会，重者误大事。

（4）大柴和小柴，比赛晒白菜，大柴晒大白菜，小柴晒小白菜。大柴晒了四十斤大白菜，小柴才晒了十四斤小白菜。

（5）三山撑四水，四水绕三山，三山四水春常在，四水三山四时春。

二、n 和 l 辨正

1. 发音辨正

（1）相同点：n 和 l 都属舌尖中音，发音时舌尖抵住上齿龈。

(2)不同点:发音方法不同,n 是鼻音,l 是边音。n 的发音方式是舌尖翘起,顶住上齿龈,同时小舌下垂,气流通过鼻腔流出。而 l 的发音方式是舌尖翘起,顶住上齿龈,同时小舌抬起,堵住通往鼻腔的通道,气流经过舌头的两边流出。

n、l 不分的情形主要分布于湘方言、赣方言、闽方言的一部分地区以及西南官话、江淮官话等地区,陕西宝鸡、安康、汉中等地区不同程度存在"n""l"不分现象。

2. **发音方法练习**

(1)对镜正音训练法:取一张硬纸片横放在上唇的上方,用一面镜子立在硬纸片的前头。发鼻音 n 时,镜子上半部有水汽;发边音 l 时,镜子下半部有水汽。

(2)前字引导正音法:在 n 声母字的前面加一个用 n 作韵尾的音节,两字连读;因发音部位相同,方法相近,易于发准 n 声母。

例如:看哪 kànna　新年 xīnnián　擒拿 qínná　信念 xìnniàn

(3)手势辅助法训练:用手势表示边音——舌尖上举,软腭上升,气流从舌头两边留出;用手势表示鼻音——舌尖及舌边均上举,软腭下降,气流穿鼻而出。或发声母本音,发 l 时,捏住鼻孔;发 n 时,松开鼻孔。

3. **对比训练**

1)字的对比

n—l 念—恋　牛—流　男—蓝　娘—梁　脑—老　浓—龙

l—n 赖—奈　旅—女　梨—泥　连—年　拉—拿　卵—暖

2)组词对比

n—l 纳凉　哪里　奴隶　奶酪　耐劳　脑力　闹铃　内陆　尼龙
　　　能量　努力　年轮　年龄　暖流　鸟类　逆流　女郎　浓烈

l—n 冷暖　留念　流年　老年　辽宁　连年　老农　洛南　理念
　　　烂泥　刘娘　凌虐　羚牛　蓝鸟　历年　乱拿　岭南　两难

3)绕口令训练

(1)牛郎年年恋刘娘,刘娘年年念牛郎,牛郎恋刘娘,刘娘念牛郎,郎恋娘来娘念郎。

(2)老龙恼怒闹老农,老农恼怒闹老龙,龙怒龙恼农更怒,龙闹农怒龙怕农。

(3)牛牛要吃河边柳,妞妞护柳要赶牛,牛牛扭头瞅妞妞,妞妞扭牛牛更牛,牛牛要顶妞妞,妞妞捡起小石头,吓得牛牛扭头溜。

三、f 和 h 辨正

1. **发音辨正**

(1)相同点:f、h 发音方法相同,都属于清摩擦音。

(2)不同点:成阻部位不同,f 属于唇齿音,h 属于舌根音。

2. 辨正方法

(1)声旁类推:利用b、p、f都是唇音,g、k、h都是舌根音的规律,通过声旁联想辨记f和h,给一个字加、换其他偏旁后,声母能读成b、p,那么这个字声母是f;声母能读成g、k,那么这个字声母是h。例如:b播—f番藩蕃翻;g该—h孩骇氦骸。

(2)声韵配合规律:合口呼韵母(u除外)不和f拼,只和h相拼。

3. 对比训练

1)字的对比

f—h 费—会　翻—欢　附—互　发—花　放—晃　防—黄

h—f 黑—飞　湖—浮　黄—房　昏—芬　汗—犯　湖—服

2)组词对比

f—h 繁华　丰厚　防护　复合　发话　绯红　富豪　飞花　分化　奉还

h—f 花粉　恢复　何方　盒饭　耗费　挥发　海风　混纺　焕发　豪富

3)绕口令训练

(1)粉红墙上画凤凰,红凤凰,黄凤凰,红粉凤凰,花凤凰。

(2)化肥会挥发。黑化肥发灰,灰化肥发黑。黑化肥发灰会挥发,灰化肥挥发会发黑。黑化肥挥发发灰会花飞,灰化肥挥发发黑会飞花。

(3)丰丰和芳芳,上街买混纺。红混纺,粉混纺,黄混纺,灰混纺,红花混纺做裙子,粉花混纺做衣裳。红、粉、灰、黄花样多,五颜六色好混纺。

四、z、c、s和j、q、x辨正

1. 发音辨正

声母z、c、s同i、ü或i、ü开头的韵母相拼是尖音;声母j、q、x同i、ü或i、ü开头的韵母相拼是团音。普通话没有尖音,只有团音,所以普通话不分尖团音。

普通话中声母z、c、s不能和i、ü或i、ü起头的韵母相拼,否则,就会产生尖音问题。尖音问题的产生既有历史原因,也带有明显的地域特征,还有些女性由于想表现得温柔、优雅,因此说话时尽量使口腔开度小一些,致使发音部位偏前产生尖音,因而尖音也被称作"女儿音"。尖音的产生从语音学角度看与发音部位有关。舌面音j、q、x是由舌面前部与硬腭形成阻碍成声的,发音时习惯性地用舌尖去和硬腭前成阻,就产生了尖音。

2. 矫治尖音问题的方法

为了找到正确的位置,可以做以下两种比较。

(1)正确掌握舌面音声母j、q、x的发音部位。j、q、x的发音部位是舌面前部和硬腭前部成阻,而非舌尖和硬腭前部成阻。

(2)声韵配合规律:z、c、s不能跟i、ü或i、ü开头的韵母相拼,而j、q、x可以。因而只要遇到z、c、s跟i、ü或i、ü开头的韵母相拼时,将z、c、s改为j、q、x,发音就标准了。

3. 对比训练

1)下列各组字,每组前一字不应读成尖音

z—j 自己　作家　再见　总结　自觉　尊敬　增进　字迹
j—z 叫座　夹子　讲座　集资　记载　杰作　节奏　急躁
c—q 从前　瓷器　财权　才气　凑巧　猜拳　残缺　词曲
q—c 其次　器材　起草　青菜　清脆　谦辞　屈从　全才
s—x 思想　私下　思绪　送行　索性　塑像　松懈　散心
x—s 迅速　线索　心思　血色　潇洒　心酸　相思　习俗

2)绕口令训练

(1)天津和北京,津京两个音。一是前鼻音,一是后鼻音。如果分不清,请你认真听。

(2)尖塔尖,尖杆尖,杆尖尖似塔尖尖,塔尖尖似杆尖尖。有人说杆尖比塔尖尖,有人说塔尖比杆尖尖。不知到底是杆尖比塔尖尖,还是塔尖比杆尖尖。

(3)七巷一个漆匠,西巷一个锡匠。七巷漆匠用了西巷锡匠的锡,西巷锡匠拿了七巷漆匠的漆,七巷漆匠气西巷锡匠用了漆,西巷锡匠讥七巷漆匠拿了锡。

五、零声母辨正

普通话中的零声母,有些方言带上明显的辅音声母,大致情况如下。

在读以a、o、e开头的零声母字时,常在前面加舌根鼻音ng,如陕西方言将"安"读成"ngan","欧"读成"ngou","恩"读成"ngen"。纠正时,只要去掉舌根鼻音ng,直接发元音就行了。例如:爱、昂、袄、鹅、额等。

普通话中合口呼的零声母字,在吴方言、陕西方言读成了[v](唇齿浊擦音)声母,如万、闻、物、尾、问等字。这只要在发音时注意把双唇拢圆,不要让下唇和上齿接触,就可以改正了。例如:文化、未来、无论、忘记、弱不禁风、锐利、毛茸茸等。

1. 辨音练习

爱 ài 心—耐 nài 心　　　海岸 àn—海难 nàn　　　大义 yì—大逆 nì
傲 ào 气—闹 nào 气　　　疑 yí 心—泥 ní 水　　　语 yǔ 序—女 nǚ 婿
文 wén 风—门 mén 风　　余味 wèi—愚昧 mèi　　每晚 wǎn—美满 mǎn
纹 wén 路—门 mén 路　　万 wàn 丈—幔 màn 帐　　五味 wèi—妩媚 mèi

2. 零声母音节训练

奥运　傲岸　阿姨　安逸　熬夜　恶意　扼要　昂扬　安稳　额外
扼腕　讹误　偶尔　哀怨　按语　恩怨　阿谀　耳语　鳄鱼　而已
议案　要隘　银耳　幼儿　友爱　诱饵　演义　扬言　摇曳　野营

医药	意义	演员	要闻	业务	遗忘	义务	因为	烟雾	言语
巍峨	晚安	伟岸	雾霭	问案	外因	蜿蜒	文艺	午夜	无疑
威严	玩味	忘我	威望	无畏	蛙泳	外语	委员	位于	婉约
余额	鱼饵	悦耳	员额	庸医	拥有	用意	育婴	雨夜	语言
语音	予以	预言	寓意	预约	原因	娱乐	圆圈	约会	勇敢

3. 绕口令练习

安(ān)二哥家一群鹅(é),二哥放鹅(é)爱(ài)唱歌。鹅(é)有二哥不挨(ái)饿(è),没有二哥就挨(ái)饿(è),大鹅(é)小鹅(é)伸长脖,"嗷(áo)嗷""喔(wō)喔"找二哥。

热点讨论

1. 普通话中声母一共有多少个?你的家乡方言中有多少个声母?请找出家乡方言中声母和普通话声母的对应关系。

2. 你认为对幼儿来说,声母发音的难点是什么?

拓展学习

请扫码阅读学习《声母声旁代表字类推表》,并进行相应的训练。

自我检测

一、准确读出以下100个单音节(特别注意声母的发音)。

蹦	耍	德	扰	直	返	凝	秋	淡	丝
炯	粗	袄	瓮	癣	儿	履	告	筒	驯
辱	碟	栓	来	顶	墩	忙	哀	霎	果
憋	捺	装	群	精	唇	亮	符	肉	梯
船	溺	北	剖	民	邀	旷	暖	快	酒
除	缺	杂	搜	税	脾	锋	日	贼	孔
哲	许	尘	谓	忍	填	颇	残	润	歪
雅	捉	凑	怎	虾	冷	躬	莫	虽	绢
挖	伙	聘	英	条	笨	敛	墙	岳	黑
巨	访	自	毁	郑	浑	擦	容	骏	犒

第三章　声母

二、读准以下多音节词语。

快乐	丢人	含量	村庄	开花	红娘	特色	荒谬	面子	小瓮儿
而且	定额	观赏	部分	侵略	捐税	收缩	鬼脸	趋势	拐弯儿
内容	若干	爆发	材料	创办	抓紧	盛怒	运用	美景	灯泡儿
压迫	佛学	一直	启程	棒槌	山峰	罪孽	刺激	无穷	必需品
打听	通讯	木偶	昆虫	天下	跨度	就算	构造	蛤蟆	做活儿

三、根据下列描述写出声母。

舌面、送气、清、塞擦音（　　　）

唇齿、清、擦音（　　　）

舌尖中、浊、鼻音（　　　）

双唇、不送气、清、塞音（　　　）

舌根、送气、清、塞音（　　　）

舌尖后、浊、擦音（　　　）

舌尖前、不送气、清、塞擦音（　　　）

双唇、浊、鼻音（　　　）

舌面、清、擦音（　　　）

四、朗读寓言故事《猴吃西瓜》（尽量口语化，注意每个音节的发音要清楚）。

猴吃西瓜

　　猴王找到了一个大西瓜，可是，怎么吃呢？这个猴啊，是从来也没有吃过西瓜。忽然，他想出了一条妙计，于是，把所有的猴都召集来了。

　　他清了清嗓子："今天，我找到了一个大西瓜。至于这西瓜的吃法嘛，我当然……当然是知道的。不过，我要考验一下大伙的智慧，看看谁能说出这西瓜的吃法。如果说对了，我可以多赏他一块。如果说错了，我可要惩罚他！"

　　大伙你看看我，我看看你，可是谁也没有吃过西瓜。

　　小毛猴眨巴眨巴眼睛，挠了挠腮说："我知道，吃西瓜是吃瓤！"

　　"不对！小毛猴说得不对！"秃尾巴猴跳了起来："我小的时候跟我妈去姥姥家，吃过甜瓜，吃甜瓜就是吃皮。我想，这甜瓜也是瓜，西瓜也是瓜，吃西瓜嘛，当然也是吃皮咯。"

　　这时候，大伙争执起来，有的说："吃西瓜吃皮！"有的说："吃西瓜吃瓤！"可争了半天，也没争出个结果，于是都不由得把目光集中到一只老猴的身上……

　　这老猴认为出头露面的机会来了，他将了将胡子，清清嗓子说："这吃西瓜嘛，当然……当然是吃皮咯。我从小就爱吃西瓜，而且……而且一直都是吃皮的。我想，我之所以老而不死，就是因为吃了这西瓜皮的缘故……"

　　大伙都欢呼起来："对！吃西瓜吃皮！""吃西瓜吃皮！"……

　　猴王认为找到了正确答案，他站起身来，上前一步，开口道："对！大伙说得对！吃西瓜是吃皮。哼！就小毛猴崽子一个人说吃西瓜吃瓤，那就让他一个人吃吧！咱们大伙都吃西瓜皮！"

西瓜一刀两半，小毛猴吃瓤，大伙儿共分西瓜皮……

有个猴吃了两口，就捅了捅旁边的说："哎，我说这可不是滋味啊！"

"咳，老弟，我常吃西瓜，西瓜嘛，就是这味……"

第四章

韵　　母

学习目标

● 知识目标
1. 了解韵母的分类。
2. 了解韵母的发音特点。

● 能力目标
1. 准确掌握韵母的发音要领。
2. 辨别并发准难点韵母。

关键词

韵母；分类；发音

知识导图

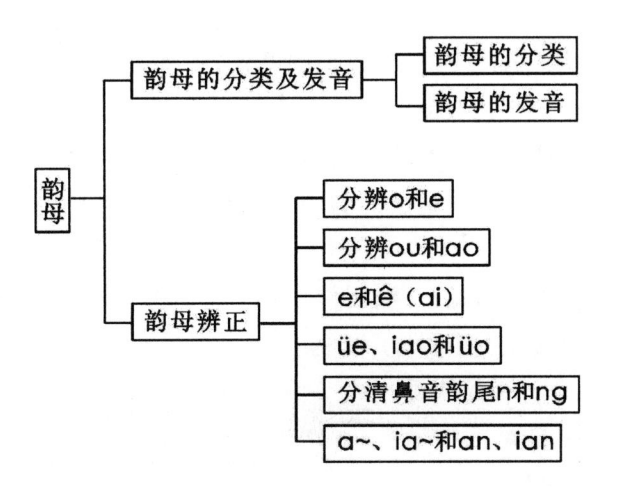

```
                ┌── 韵母的分类及发音 ──┬── 韵母的分类
                │                      └── 韵母的发音
         韵母 ──┤
                │                      ┌── 分辨o和e
                │                      ├── 分辨ou和ao
                │                      ├── e和ê（ai）
                └── 韵母辨正 ──────────┤
                                       ├── üe、iao和üo
                                       ├── 分清鼻音韵尾n和ng
                                       └── a~、ia~和an、ian
```

第一节　韵母的分类及发音

案例导入

一个上海人到北京出差,在饭店吃饭时,他想点一瓶椰汁,就叫服务员过来说:"小姐,请给我来瓶'压奶'(上海话椰奶的意思)。"结果服务员说:"对不起!先生,我们这的鸭子不产奶。"

一、韵母的分类

韵母是指音节中声母后面的部分,例如"把(bǎ)"中的 a、"百(bǎi)"中的 ai、"版(bǎn)"中的 an、"榜(bǎng)"中的 ang。韵母是音节中不可缺少的成分。

韵母主要由元音构成,也有的由元音加鼻辅音构成,多数韵母可以自成音节。韵母一般包含韵头、韵腹、韵尾三部分。韵头是韵母的开头,它常常介于声母和韵母之间,也叫介音,一般由 i、u、ü 充当;韵腹是韵母的主干,也叫主要元音,一般由 a、o、e、ê 充当,i、u、ü、-i 也可以充当;韵尾是韵母的结尾,一般由 i、u、o 充当,鼻辅音 n、ng 也可以充当。一个韵母可以有韵头、韵腹、韵尾,例如"欢(huān)";可以只有韵头、韵腹,例如"家(jiā)";可以只有韵腹、韵尾,例如"高(gāo)";可以只有韵腹,例如"妈(mā)"。任何韵母都不能没有韵腹。

普通话共有 39 个韵母,可以从不同角度进行分类,一是根据韵母的结构特点,一是根据韵母开头元音的发音口形,如表 4-1 所示。

(一)按结构分

根据韵母内部结构成分的不同,可以把韵母分为单韵母、复韵母和鼻韵母三类。

单韵母——由一个元音构成的韵母。

复韵母——由两个或三个元音构成的韵母。

鼻韵母——由元音和鼻辅音构成的韵母。

(二)按口形分

根据韵母开头元音的发音口形,汉语传统的音韵学将韵母分为开口呼、齐齿呼、合口呼、撮口呼四类,这就是传统"四呼"的说法。

开口呼:不以 i、u、ü 开头的韵母。

齐齿韵:以 i 开头的韵母。

合口韵:以 u 开头的韵母。

撮口韵:以 ü 开头的韵母。

表 4-1　普通话韵母总表

结构＼口型	开口呼	齐齿呼	合口呼	撮口呼
单韵母	-i(前、后)	i	u	ü
	a	ia	ua	
	o		uo	
	e			
	ê	ie		üe
	er			
复韵母	ai		uai	
	ei		uei	
	ao	iao		
	ou	iou		
鼻韵母	an	ian	uan	üan
	en	in	uen	ün
	ang	iang	uang	
	eng	ing	ueng	
			ong	iong

二、韵母的发音

(一)单韵母

普通话有 10 个单韵母,即 a、o、e、ê、i、u、ü、-i(前)、-i(后)、er。单韵母的发音特点是:发音时自始至终舌位、唇形没有变化。根据发音时舌头所起的作用,单韵母又可以分为舌面单韵母、舌尖单韵母、卷舌单韵母三类。

1. 舌面单韵母:a、o、e、ê、i、u、ü

发音时舌面起主要作用,舌面单韵母的不同音色是由以下三个因素决定的。

(1)舌位的高低。指舌面与上颚的距离。舌面距离上颚近为高,距离上颚远为低。舌位越高开口度越小,舌位越低开口度越大。通常舌位的高低分为高(闭)、半高(半闭)、半低(半开)、低(开)四度。

(2)舌位的前后。指舌头的前伸或后缩。舌位的前后位置分为前、央、后。

(3)唇形的变化。指唇形的圆展,可分为圆唇、不圆唇。

舌面单韵母舌位如图4-1所示：

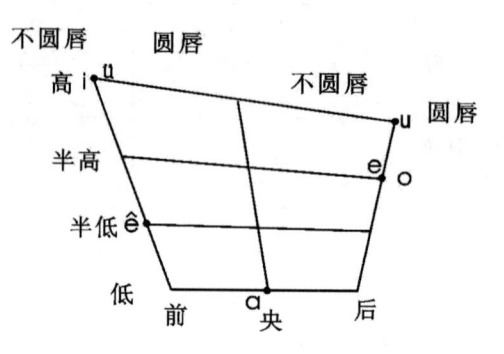

图4-1 舌面单韵母舌位图

ɑ——舌面央、低、不圆唇单韵母

发音时，口大开，舌头自然放在口腔中，舌位最低，声带颤动，气流从口腔里自然流出。例如：

发达　哪怕　腌臜　大厦　打靶　刹那　砝码　喇叭　哈达　打岔
沙发　大妈　马达　搭茬　耷拉　旮旯　蛤蟆　咔嚓　发蜡　拉萨

o——舌面后、半高、圆唇单韵母

发音时，口微开，舌头自然后缩并处于半高位置，唇形略圆，声带颤动。例如：

磨墨　默默　磨破　婆婆　伯伯　馍馍　脉脉　抹脖　泼墨

e——舌面后、半高、不圆唇单韵母

发音时，口半闭，嘴角向两边微展，舌头后缩，声带颤动。例如：

客车　隔阂　合格　色泽　特色　割舍　苛刻　舍得　折合　合辙
特赦　喷喷　折射　瑟瑟　这么　各个　隔热　苛责　可乐　讷讷

ê——舌面前、半低、不圆唇单韵母

发音时，口半开，舌前伸，舌尖抵住下齿背，唇不圆，声带颤动。在普通话中，ê用于单独注音只有一个叹词"欸"。它的主要用途是组成复韵母 ie 和 üe。

i——舌面前、高、不圆唇单韵母

发音时，唇形呈扁平状，舌尖前伸抵住下齿背，声带颤动。例如：

集体　笔记　习题　利益　激励　地理　地皮　立即　提议　细腻
基地　积极　机器　意义　霹雳　启迪　礼仪　谜底　奇异　毅力

ü——舌面前、高、圆唇单韵母

发音时，双唇拢圆，略向前突出，舌尖前伸使舌头抵住下齿背，声带颤动。例如：

区域　雨具　序曲　旅居　须臾　女婿　居于　聚居　语句　曲剧
渔具　区区　语序　屈居　栩栩　屡屡　豫剧　龃龉　局域　玉女

46

u——舌面后、高、圆唇单韵母

发音时,口腔开口度小,双唇拢圆并稍前突,舌自然后缩,声带颤动。例如:

瀑布　图书　服务　鼓舞　互助　部署　初步　孤独　出租　祝福
葫芦　舒服　朴素　目录　粗鲁　督促　吐露　复述　故土　布谷

2. 舌尖单韵母:-i(前)、-i(后)

-i(前)——舌尖前单韵母

发音时,舌尖前伸接近上齿背,不圆唇。-i(前)不能单独构成音节,只能跟 z、c、s 三个声母相拼。例如:

自私　此次　刺字　字词　孜孜　恣肆　子嗣　四次　赐死　自此

-i(后)——舌尖后单韵母

发音时,舌尖上翘接近硬腭前部,不圆唇。-i(后)不能单独构成音节,只能跟 zh、ch、sh、r 四个声母相拼。例如:

史诗　支持　制止　指使　值日　事实　实质　誓师　知识　致使
失事　日食　实施　失职　试制　逝世　只是　咫尺　迟滞　食指

3. 卷舌单韵母:er

发音时,口形略开,舌位居中,舌前、中部上抬,舌尖向后卷,和硬腭前端相对,声带颤动。er 是一个用双字母表示的单韵母,e 表示舌位和唇形,r 表示卷舌动作。er 只能自成音节。例如:

而且　而后　而今　而已　儿童　儿歌　儿科　儿戏　儿孙　男儿
二审　二战　耳朵　耳语　耳鸣　尔后　饵料　偶尔　尔雅　逆耳

(二)复韵母

普通话有 13 个复韵母,即 ai、ei、ao、ou、ia、ie、ua、uo、üe、iao、iou、uai、uei。复韵母的发音特点包括两个方面。首先,复韵母是由两个或三个元音复合而成的韵母,发音时从起始元音开始,口形和舌位逐渐向后面的元音滑动,舌位和唇形有一个逐渐变动的过程(即"动程")。其次,构成一个复韵母的几个元音,其响度和清晰度不同,其中一个元音最响亮、清晰,是韵母的主干,叫韵腹;韵腹前面的元音叫韵头,发音轻短,表示发音的起点;韵腹后面的元音叫韵尾,声音模糊,表示舌位滑动的方向。根据韵腹的位置不同,复韵母可分为前响复韵母、中响复韵母、后响复韵母三类。

1. 前响复韵母:ai、ei、ao、ou

前响复韵母的发音特点是元音舌位是由低向高滑动。发音时开头的元音响亮清晰,收尾的元音轻短模糊,只表示舌位移动的方向。

ai

开采　爱戴　彩排　买卖　白菜　海带　采摘　拆台　拍卖

| 择菜 | 采买 | 彩带 | 开拍 | 开赛 | 灾害 | 开斋 | 埋汰 | 还在 |

ei

| 肥美 | 配备 | 黑煤 | 北非 | 蓓蕾 | 每每 | 北美 |
| 飞贼 | 妹妹 | 贝类 | 委培 | 累累 | 非得 | 娓娓 |

ao

| 报告 | 高潮 | 吵闹 | 逃跑 | 早操 | 号召 | 高超 | 招考 | 草帽 |
| 跑道 | 操劳 | 懊恼 | 唠叨 | 祷告 | 高傲 | 稻草 | 号啕 | 冒号 |

ou

| 口头 | 兜售 | 抖擞 | 收购 | 漏斗 | 守候 | 欧洲 | 佝偻 | 绸缪 |
| 丑陋 | 口授 | 露头 | 收受 | 豆蔻 | 透漏 | 叩头 | 筹谋 | 臭手 |

2. 中响复韵母：iao、iou、uai、uei

中响复韵母的发音特点是舌位由高向低滑动，再从低向高滑动。发音时前一个元音轻短不响亮，后面的元音含混，音值不太固定，只表示舌位滑动的方向，中间的元音清晰响亮。

iao

| 巧妙 | 教条 | 吊桥 | 逍遥 | 苗条 | 小鸟 | 萧条 | 笑料 | 调教 |
| 调料 | 小调 | 窈窕 | 角票 | 娇巧 | 小苗 | 飘摇 | 萧萧 | 叫嚣 |

iou

| 舅舅 | 求救 | 绣球 | 牛油 | 琉球 | 旧友 | 久留 | 有救 | 优秀 |
| 丢球 | 啾啾 | 六九 |

uai

| 摔坏 | 怀揣 | 外快 | 乖乖 | 外踝 | 快甩 |

uei

| 垂危 | 翠微 | 归队 | 回归 | 水位 | 回味 | 摧毁 | 悔罪 | 推诿 |
| 罪魁 | 鬼祟 | 追随 | 退回 | 尾随 | 退位 | 未遂 | 畏罪 | 溃退 |

3. 后响复韵母：ia、ie、ua、uo、üe

后响复韵母的发音特点是舌位由高向低滑动，收尾的元音响亮清晰，而开头的元音发音不太响亮，比较短促，常伴有轻微摩擦。

ia

| 加价 | 假牙 | 压价 | 恰恰 | 下嫁 | 家鸭 |

ie

| 结业 | 贴切 | 铁鞋 | 斜街 | 界别 | 谢谢 | 节烈 | 切切 | 歇业 |
| 趔趄 | 乜斜 | 姐姐 |

ua
挂花　花袜　刷刷　耍滑　挂画　娃娃
uo
堕落　错过　硕果　活捉　懦弱　蹉跎　骆驼　萝卜　哆嗦
罗锅　阔绰　国货　龌龊　破获　摸索　琢磨　剥夺　薄弱
üe
雀跃　约略　决绝　绝学　略略　月缺

(三) 鼻韵母

普通话有16个鼻韵母，按尾音的不同可分为两类，以 n 作韵尾的叫前鼻音韵母，即 an、en、in、ün、ian、uan、üan、uen；以 ng 作韵尾的叫后鼻音韵母，即 ang、eng、ing、ong、iang、iong、uang、ueng。鼻韵母的发音和复韵母一样，也是舌位移动变化的结果，不同的是复韵母的尾音是元音，鼻韵母的尾音是鼻音。

an
肝胆　灿烂　谈判　展览　汗衫　散漫　感叹　难堪　漫谈
坦然　反感　橄榄　胆寒　惨淡　翻案　泛滥　勘探　单干

en
人们　根本　愤懑　认真　深沉　门诊　粉尘　振奋　审慎
沉闷　本分　深圳　人参　人文　恩人　门神　珍本　分身

in
拼音　亲近　尽心　殷勤　金银　亲信　聘金　民心　濒临
贫民　引进　信心　亲临　辛勤　临近　薪金　紧邻　秦晋

ün
军训　均匀　芸芸　寻寻　军运　逡巡

ian
演变　片面　艰险　连绵　简便　偏见　鲜艳　减免　简练
眼帘　惦念　鲜艳　见面　腼腆　绵延　年鉴　牵线　天堑

uan
传唤　串换　贯穿　宦官　软缎　酸软　专断　婉转　专款
转换　转弯　宽缓　万端　还款　官船　缓缓　乱转　万贯

üan
轩辕　源泉　涓涓　全权　圆圈　渊源　全员　全院　远缘
拳拳　玄远　圆圆

uen

| 昆仑 | 温顺 | 春笋 | 论文 | 困顿 | 温存 | 混沌 | 伦敦 | 春困 |
| 谆谆 | 馄饨 | 温润 | | | | | | |

ang

| 苍茫 | 长廊 | 当场 | 厂房 | 盲肠 | 螳螂 | 帮忙 | 厂长 | 商场 |
| 上当 | 放浪 | 沧桑 | 烫伤 | 账房 | 仓房 | 行当 | 党章 | 肮脏 |

eng

| 更冷 | 生成 | 风筝 | 风声 | 更正 | 猛增 | 丰盛 | 登程 | 冷风 |
| 蒸腾 | 横生 | 整风 | 承蒙 | 逞能 | 萌生 | 声称 | 升腾 | 省城 |

ing

| 冰凌 | 兵营 | 秉性 | 并行 | 丁零 | 叮咛 | 定型 | 惊醒 | 蜻蜓 |
| 精明 | 晶莹 | 菱形 | 轻盈 | 倾听 | 行星 | 姓名 | 命令 | 平行 |

ong

| 动容 | 工种 | 公共 | 共同 | 轰动 | 洪钟 | 空洞 | 恐龙 | 龙宫 |
| 隆冬 | 隆重 | 通红 | 统共 | 瞳孔 | 童工 | 红松 | 从容 | 总统 |

iang

| 响亮 | 两样 | 枪响 | 向阳 | 将相 | 想象 | 湘江 | 踉跄 | 两辆 |
| 亮相 | 洋姜 | 将养 | 粮饷 | 洋相 | 泱泱 | 强项 | 洋洋 | 相向 |

iong

| 炯炯 | 汹涌 | 穷凶 | 汹汹 | 熊熊 | | | | |

uang

| 状况 | 装潢 | 装筐 | 狂妄 | 幢幢 | 框框 | 闯王 | 双双 | 双簧 |
| 矿床 | 网状 | 往往 | | | | | | |

ueng

| 嗡嗡 | 老翁 | 蓊郁 | 小瓮 | | | | | |

拓展学习

请扫码进行关于韵母发音的练习。

50

第二节　韵母辨正

案例导入

著名诗人艾青的《大堰河——我的保姆》中的"大堰河"其实是"大叶荷"的讹写。艾青是浙江金华人，金华方言中"大堰河"和"大叶荷"发音一样，而艾青原本只知道发音，并不知道那三个字应该是什么，所以就写成了"大堰河"。大家并不清楚背后的原因，有人以为金华真的有一条河叫作"大堰河"，有人以为作者是为了将乳母比喻成河流而故意写成"大堰河"的。

一、分辨 o 或 e

普通话语音中，单韵母 o 只能和 b、p、m、f 四个声母相拼，而单韵母 e 只能和 d、t、n、l 四个声母相拼（除了轻声"么"），方言中却把它们混淆。

o 和 e 的发音情况大致相同，区别只在于圆唇和不圆唇，可以用唇形变化的办法来练习。例如：

陌（mò）不读 mè　模（mó）不读 mé　佛（fó）不读 fé

二、分辨 ou 和 ao

方音中，把某些普通话读 ou 韵母的字，读成了 ao 韵母。例如：

剖（pōu）不读 pāo　谋（móu）不读 máo　某（mǒu）不读 mǎo　否（fǒu）不读 fǎo

三、e 和 ê（ai）

在普通话语音中韵母 ê 不能与声母相拼。在方言中当韵母 e 与声母 d、t、l、k、h、zh、ch、sh、r 相拼时，把 e 发成 ê、ai 或 ei。例如：

zhe—这 折 哲 遮 者 浙 辙 柘 褶 蔗
che—车 扯 撤 彻 澈 车
she—舌 设 射 舍 社 涉 折 奢 赊 赦
re—热 惹
ze—泽 责 则 择 仄
se—色 瑟 涩 啬
de—德 得
te—特 忒

ge—格 隔 革 疙
ke—克 刻 客
le—勒

1. 辨音训练

1）读准下列音节的韵母

车辙　隔阂　合格　客车　特色　折射　苛刻
特设　各色　割舍　舍得　色泽　扯着　塞责

2）对比辨音

德育—待遇　　　　上策—上菜
开车—开拆　　　　责问—再问
设置—晒制　　　　仄声—再生
撕扯—私拆　　　　特务—态度

四、üe、iao 和 üo

普通话语音中没有 üo 这个韵母，方言韵母读 üo 的字，在普通话里韵母分别读 üe、iao。例如：

药 角 脚　　　　　iao　　　　　üo
决 却 学 略 虐 雀　üe　　　　　üo

1. 辨音训练

1）读准下列音节的韵母

约略　公约　学校　音乐　正确　自觉　削弱　解决　雪月
中药　韵脚　角度　感觉　麻雀　阅读　退却　喜鹊　五岳

2）绕口令练习

麻雀爱雪，喜鹊爱月，奏乐看雪，登岳看月，雪月阅罢真喜悦。

五、分清鼻音韵尾 n 和 ng

1. 把后鼻韵母读成前鼻韵母

普通话韵母是 eng 或 ing 的字，方言中把韵母读成 en 或 in，少数读成 ong。例如：

崩 等 症 更　　　eng　　　　　en
经 轻 星 零　　　ing　　　　　in

2. 把前鼻韵母读成后鼻韵母

人 身 根 本　　　en　　　　　eng
炖 吞 群 运　　　un、ün　　　ong、iong

心 勤 进 林　　　　　　in　　　　　　ing

3. 辨音训练

1）读准下列音节的韵母

真诚　本能　奔腾　神圣　人生　成本　承认　登门　心情　品行
心灵　民兵　金星　灵敏　精心　定亲　风尘　证人　清音　平民

2）对比辨音

陈旧—成就　　真气—蒸汽　　整段—诊断　　上身—上升
人参—人生　　针眼—睁眼　　成风—晨风　　同门—同盟
瓜分—刮风　　出生—出身　　竞赛—禁赛　　金银—晶莹
粉刺—讽刺　　花盆—花棚　　分子—疯子　　深耕—生根
分针—风筝　　审视—省市　　深沉—生成　　红心—红星
信服—幸福　　劲头—镜头　　婴儿—因而　　海滨—海兵
静止—禁止　　谈情—弹琴　　印象—映象　　冰棺—宾馆
正中—震中　　人民—人名　　今天—惊天　　亲近—清静
零时—临时　　频频—平平

3）绕口令练习

(1) 丝瓜藤上绕满绳,瓜藤绕着藤架伸。绳长藤伸瓜儿长,绳粗藤壮瓜儿沉。

(2) 姓陈不能说成姓程,姓程不能说成姓陈,禾木是程,耳朵是陈,陈程不分,就会认错人。

(3) 东洞庭,西洞庭,洞庭山上挂银铃,风吹藤动银铃响,风停藤定铃不鸣。

六、ɑ~、iɑ~和an、ian

普通话韵母读an、ian的字,有些地区将韵母读成ɑ~、iɑ~。发音是把韵尾n丢失,在发ɑ音的同时又带有一定的鼻音成分,成为鼻化韵母。在韵母上加~来表示。例如：

板 山 感 叹　　　　　an　　　　　　ɑ~
前 电 线 减　　　　　ian　　　　　　iɑ~

1. 辨音训练

电扇　邻县　安然　干旱　懒散　舢板　盘缠
连绵　延年　简练　蹁跹　斑斓　蹒跚　展览

热点讨论

讨论并列出自己所在方言区的韵母与普通话韵母的不同。

拓展学习

请扫码进行难点韵母训练。

自我检测

一、准确读出以下 100 个单音节(注意韵母的发音)。

果 所 瘸 他 您 涌 穴 幢 癌 翁
仰 卵 拟 哑 妥 绕 遍 接 捅 琢
堤 贬 拽 抡 颇 抠 捕 秆 蹭 铁
履 暂 垮 酗 肩 瞥 渴 枯 舵 舰
蓄 菌 拢 痕 彼 锹 撒 刮 痛 烘
集 莫 闸 捻 憋 窄 匹 逢 把 给
梗 斜 贼 饶 瞻 浸 扒 钓 拨 砌
岔 颊 悔 凹 退 尺 泛 值 圈 某
捏 搓 仍 避 笋 始 眨 艇 尤 惹
捆 屡 扫 乳 呆 坯 轨 逆 膜 假

二、根据下列描述写出韵母。

舌面央、低、不圆唇单韵母(　　　　)　舌面后、高、圆唇单韵母(　　　　)
舌尖单韵母(　　　　)　卷舌单韵母(　　　　)
舌面前、半低、不圆唇单韵母(　　　　)　舌面后、半高、不圆唇单韵母(　　　　)

三、请按照口型给下面韵母分类。

a ia ou üe er ang ong iong uei ün eng ing ao ueng

四、韵母自测：朗读一段短文或者诗歌,用手机录音,邀请其他同学一起进行"韵母诊断",根据"诊断书"自己纠正。

第五章

音 节

学习目标

● 知识目标
1. 了解音节的结构特点。
2. 了解声母、韵母配合的规律。
● 能力目标
1. 掌握音节的拼读和拼写方法。
2. 掌握汉语拼音教学方法。

关键词

音节;结构;拼读;拼写

知识导图

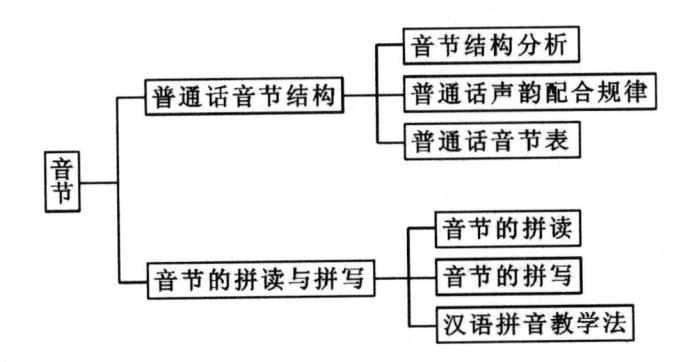

```
         ┌─ 普通话音节结构 ─┬─ 音节结构分析
         │                  ├─ 普通话声韵配合规律
音节 ─────┤                  └─ 普通话音节表
         │                  ┌─ 音节的拼读
         └─ 音节的拼读与拼写 ┼─ 音节的拼写
                            └─ 汉语拼音教学法
```

第一节　普通话音节结构

案例导入

医药公司的大门上面赫然写着:YI YUO GONG SI
请同学们仔细分辨,这样的拼写正确吗?

音节是最自然的语音结构单位,是从听觉上最容易分辨出来的最小的语音片段。一个音节就是发音器官肌肉紧张程度的一次增而复减的过程。一般来说一个汉字就是一个音节,例如,"教师"是两个音节,"普通话"是三个音节,儿化则是两个汉字一个音节,如"花儿"。

一、音节结构分析

音节由一个或几个音素按照一定的规律组合而成,传统的汉语语音学常常把一个音节分为声母、韵母、声调三个部分,韵母内部又分韵头、韵腹、韵尾,如表 5-1 所示。普通话有八种音节结构类型:

有韵腹、声调,缺少声母、韵头、韵尾,例如:ā、è、yì、wū、yù、ér。
有声母、韵腹、声调,缺少韵头、韵尾,例如:nà、sè、zhì、jù、fú。
有韵腹、韵尾、声调,缺少声母、韵头,例如:ǎo、ǎi、àng、yīn、yǔn。
有韵头、韵腹、韵尾、声调,缺少声母,例如:wāng、yōu、wéi、yǎo、wén。
有声母、韵腹、声调,缺少韵头、韵尾,例如:shì、jī、hū、bì、fù、gè。
有声母、韵头、韵腹、声调,缺少韵尾,例如:duō、xuě、huà、xià。
有声母、韵腹、韵尾、声调,缺少韵头,例如:fán、xīn、jǐng、tóng、chén。
有声母、韵头、韵腹、韵尾、声调,例如:xiǎo、zhuī、chuàng、qiōng、juàn。

表 5-1　音节结构分析表

结构方式 音节	声母	韵母			声调
		韵头	韵腹	韵尾	
啊　ā			a		阴平
我　wǒ		u	o		上声
爱　ài			a	i	去声
游　yóu		i	o	u	阳平
之　zhī	zh		-i(后)		阴平
绝　jué	j	ü	ê		阳平
赣　gàn	g		a	n	去声
创　chuàng	ch	u	a	ng	去声

由音节结构分析表可以发现,普通话音节结构具有以下特点。

(1)一个音节至少有一个元音音素,最多可有四个音素,包括元音音素和辅音音素。

(2)音节中可有两个或三个元音连在一起。三个元音连续排列时,依次充当韵头、韵腹、韵尾。

(3)音节中可以无辅音。有辅音的,大多处于音节的开头,只有 n 和 ng 可以处在末尾。辅音不可连续排列。

(4)每个音节都有韵腹和声调。

二、普通话声韵配合规律

普通话的音节由声母和韵母组合而成,但不是任何声母和任何韵母都可以相拼的。声韵配合的规律体现在声母的发音部位与韵母开头的元音。根据韵母开头元音的发音口形,汉语的音韵学将韵母分为开口呼、齐齿呼、合口呼、撮口呼四类,这就是传统的"四呼"。

根据声母的发音部位和韵母四呼的关系,可以把普通话的声母和韵母的配合关系列成一个简表,如表 5-2 所示。

表 5-2 声韵配合规律表

声母\韵母	开口呼	齐齿呼	合口呼	撮口呼
双唇音 b p m	+	+	(不)	-
唇齿音 f	+	-	(富)	-
舌尖中音 d t	+	+	+	-
n l	+	+	+	+
舌根音 g k h	+	-	+	-
舌面音 j q x	-	+	-	+
舌尖后音 zh ch sh r	+	-	+	-
舌尖前音 z c s	+	-	+	-
零声母	+	+	+	+

表中"+"表示普通话有的音节,"-"表示普通话没有的音节,b、p、m、f 与合口呼韵母相拼只限于单韵母 u,表中用汉字加括号表示。

由上表可以看出,普通话声母和韵母配合的主要规律具有以下特点。

(1)开口呼韵母不与舌面音相拼,可以与其他各组声母相拼。

(2)齐齿呼韵母不与唇齿音、舌根音、舌尖后音、舌尖前音相拼,可与其他各组声母相拼。

(3)合口呼韵母不与舌面音相拼,可与其他各组声母相拼(其中与双唇音、唇齿音相拼只限于 u)。

(4)撮口呼韵母只与舌尖中音 n 和 l、舌面音、零声母相拼,不与其他各组声母相拼。
(5)n、l 和零声母音节与四呼都有拼合关系。

三、普通话音节表

普通话 21 个声母与 39 个韵母按照拼合规律,可以拼出约 400(399)个基本音节,加上四种声调,可以产生 1200 多个带调音节。

(一)开口呼音节(184 个)

表 5-3 开口呼音节表

声母＼韵母	a	o	e	er	-i	ai	ei	ao	ou	an	en	ang	eng
b	ba	bo				bai	bei	bao		ban	ben	bang	beng
p	pa	po				pai	pei	pao	pou	pan	pen	pang	peng
m	ma	mo				mai	mei	mao	mou	man	men	mang	meng
f	fa	fo					fei		fou	fan	fen	fang	feng
d	da		de			dai	dei	dao	dou	dan		dang	deng
t	ta		te			tai		tao	tou	tan		tang	teng
n	na		ne			nai	nei	nao		nan	nen	nang	neng
l	la		le			lai	lei	lao	lou	lan		lang	leng
g	ga		ge			gai	gei	gao	gou	gan	gen	gang	geng
k	ka		ke			kai		kao	kou	kan	ken	kang	keng
h	ha		he			hai	hei	hao	hou	han	hen	hang	heng
zh	zha		zhe		zhi	zhai	zhei	zhao	zhou	zhan	zhen	zhang	zheng
ch	cha		che		chi	chai		chao	chou	chan	chen	chang	cheng
sh	sha		she		shi	shai	shei	shao	shou	shan	shen	shang	sheng
r			re		ri			rao	rou	ran	ren	rang	reng
z	za		ze		zi	zai	zei	zao	zou	zan	zen	zang	zeng
c	ca		ce		ci	cai		cao	cou	can	cen	cang	ceng
s	sa		se		si	sai		sao	sou	san	sen	sang	seng
零	a		e	er		ai	ei	ao	ou	an	en	ang	eng

注:零代表零声母音节;-i 代表舌尖前、后两个韵母;o、ê、ei 等音节只在语气词中出现,未列入。

从开口呼音节表 5-3 可以看出：

(1)音节数目最多,几乎占 400 个音节的一半。

(2)er 独立成音节,不和任何声母相拼。

(3)舌面音 j、q、x 不与开口呼韵母相拼。

(4)舌尖单韵母只和舌尖前音声母 z、c、s 与舌尖后音声母 zh、ch、sh、r 相拼。

(5)d、t、n、l 不与韵母 en 相拼,只有 nen(除外)。

(二)齐齿呼音节(83 个)

表 5-4 齐齿呼音节表

声母＼韵母	i	ia	ie	iao	iou	ian	in	iang	ing
b	bi		bie	biao		bian	bin		bing
p	pi		pie	piao		pian	pin		ping
m	mi		mie	miao	miu	mian	min		ming
d	di		die	diao	diu	dian			ding
t	ti		tie	tiao		tian			ting
n	ni		nie	niao	niu	nian	nin	niang	ning
l	li	lia	lie	liao	liu	lian	lin	liang	ling
j	ji	jia	jie	jiao	jiu	jian	jin	jiang	jing
q	qi	qia	qie	qiao	qiu	qian	qin	qiang	qing
x	xi	xia	xie	xiao	xiu	xian	xin	xiang	xing
零	yi	ya	ye	yao	you	yan	yin	yang	ying

从齐齿呼音节表 5-4 可以看出：

(1)齐齿呼韵母不与舌尖前音声母 z、c、s 和舌尖后音声母 zh、ch、sh、r 及舌根音声母 g、k、h 相拼。

(2)ia、iang 不与双唇音声母 b、p、m 和唇齿音声母 f 以及舌尖中音声母 d、t 相拼。

(3)舌尖中音声母 d、t 不与 in 相拼。

(三)合口呼音节(110 个)

表 5-5 合口呼音节表

声母＼韵母	u	ua	uo	uai	uei	uan	uen	uang	ong	ueng
b	bu									
p	pu									
m	mu									
f	fu									

续表

韵母 声母	u	ua	uo	uai	uei	uan	uen	uang	ong	ueng
d	du		duo		dui	duan	dun		dong	
t	tu		tuo		tui	tuan	tun		tong	
n	nu		nuo			nuan			nong	
l	lu		luo			luan	lun		long	
g	gu	gua	guo	guai	gui	guan	gun	guang	gong	
k	ku	kua	kuo	kuai	kui	kuan	kun	kuang	kong	
h	hu	hua	huo	huai	hui	huan	hun	huang	hong	
zh	zhu	zhua	zhuo	zhuai	zhui	zhuan	zhun	zhuang	zhong	
ch	chu		chuo	chuai	chui	chuan	chun	chuang	chong	
sh	shu	shua	shuo	shuai	shui	shuan	shun	shuang		
r	ru		ruo		rui	ruan	run		rong	
z	zu		zuo		zui	zuan	zun		zong	
c	cu		cuo		cui	cuan	cun		cong	
s	su		suo		sui	suan	sun		song	
零	wu	wa	wo	wai	wei	wan	wen	wang		weng

注：ong 按实际发音列入此表。

从合口呼音节表5-5可以看出：

（1）双唇音声母 b、p、m 与唇齿音声母 f 只和合口呼韵母中的 u 相拼。

（2）合口呼韵母不与舌面音声母 j、q、x 相拼。

（3）舌尖前音声母 z、c、s 和舌尖中音声母 d、t、n、l 不与 ua、uai、uang 相拼。

（4）ong 按实际发音属于合口呼，不能独立成音节，只能和声母相拼。ueng 只能独立成音节，不能和声母相拼。

（四）撮口呼音节(24个)

表5-6 撮口呼音节表

韵母 声母	ü	üe	üan	ün	iong
n	nü	nüe			
l	lü	lüe			
j	ju	jue	juan	jun	jiong
q	qu	que	quan	qun	qiong
x	xu	xue	xuan	xun	xiong
零	yu	yue	yuan	yun	yong

60

注:iong 按实际发音列入此表。

从撮口呼音节表 5-6 可以看出:

(1) 包含音节最少。

(2) 与撮口呼韵母相拼的只有舌面音声母 j、q、x 以及舌尖中音声母 n、l。

(3) n、l 只和撮口呼韵母中的 ü、üe 相拼。

拓展学习

请扫码阅读学习《声韵配合规律》。

第二节 音节的拼读与拼写

案例导入

拼音教学是小学一年级非常繁重的任务,内容较多,任务量大,学生较难掌握,特别是在读、写方面易出现错误。把整体认读音节如 yuan、yue、ye 等当作拼读音节;把拼读音节如 zhu、gu、hu、ku 等当作整体认读音节。在学习了 j、q、x 与 ü 相拼省写两点的规则后,n、l 与 ü 相拼时也省去两点;韵母 iou、uei、uen 前拼声母的时候,仍把中间的字母拼写上去。

一、音节的拼读

拼读,就是按照普通话音节构成的规律把声母、韵母拼合并加上声调而成为一个音节的过程。

(一)拼读要领

1. 声母用本音

本音是字母本来的读音。声母是辅音,发音不响亮,为了教学方便,《汉语拼音方案》规定在每个声母后面加一个元音,称为"呼读音"。拼读的时候,要把后面的元音去掉,用它的实际读法去和韵母相拼。例如,b、p、m、f 的呼读音是 bo、po、mo、fo,与韵母 a 相拼时要去掉元音 o,拼成 ba、pa、ma、fa,而不是 boa、poa、moa、foa。

2. 念准复韵母和鼻韵母

复韵母和鼻韵母虽然由几个音素构成,但发音绝不是几个音素简单的相加,拼读时要把它们作为一个整体念出来,要读准韵头,打开韵腹,收住韵尾。

3.声韵之间不间断

拼读就是声母和韵母快速连读的过程,声韵之间要一气呵成,不能停顿,否则就不能成为一个音节。

(二)拼读方法

1.声母和韵母拼读法("两拼法")

两拼法,即声母与韵母相拼,就是把整个音节分成声母和韵母两部分,它的要领是:前音轻短后音重,两音相连猛一碰。例如,拼读"花(huā)"这个音节,先读声母h(把声母读得轻而短,即"前音轻短"),再读韵母uɑ(重而长,即"后音重"),快速连续,然后读出音节huā。

2.声介合母拼读法("声介合拼法")

韵头也叫介音。声介合母拼读法是指把声母和介母看作一个整体,然后再把这个整体与后边的韵母相拼。例如,拼读"桌(zhuō)"这个音节,先把声母zh和介母u看成一个整体,拼读成zhu(朱),然后把声介合母zhu与韵母o相拼,zhu—o→zhuō。

声介合母共29个:

bi pi mi di ti ni li ji qi xi

du tu nu lu gu ku hu

zhu chu shu ru zu cu su

nü lü ju qu xu

声介合母要念熟,一见即能发音,不能临时现拼。

3.三拼连读法("三拼法")

三拼法适用于有介母i、u、ü的音节,也就是声母、介母、韵母齐全的一种拼读方法。其发音要领是:声轻、介快、韵母响,三音相连很顺当。先读声母(轻),连读介母(快)以及后随韵母(响)成音节。发音时气流不中断,快速连读,整个音节的重音在韵母上。例如,拼读"瓜(guā)"这个音节。音节guā是由声母"g"、介母"u"和韵母"ɑ"组成的,拼读时把声母、介母、韵母快速连读g—u—ɑ→guā,一气呵成,重音在ɑ上。

(三)音节的定调

音节拼读时要带上声调,常见方法有以下两种。

1.数调法

先用声母和基本声调(阴平)的韵母拼合,拼成音节后再看上面的调号,然后按照阴平、阳平、上声、去声的顺序数下去,数到这个音节的声调为止。这种方法适合于初学者。例如,去 q+ü→qū,qū、qú、qǔ、qù。

2. 韵母定调法

用声母直接和带声调的韵母相拼。例如，大 d + à→dà。

二、音节的拼写

1. y、w 的用法

《汉语拼音方案》规定使用 y、w 主要是为了分隔音节，使音节的界限更清楚。例如，"dai"念成一个音节是"带"，念成两个音节是"大意"；"jiu"念成一个音节是"久"，念成两个音节是"机务"。使用 y、w 可以把"如意"拼成"dayi"，把"机务"拼成"jiwu"，音节界限就清晰了。

y、w 的使用规则：

(1) i 行的和 u 行的韵母自成音节时，只有一个元音的韵母便在前面加 y、w；有两个以上元音的韵母，就把 i、u 改成 y、w。例如：

i→yi(衣)　　in→yin(因)　　ing→ying(英)

u→wu(巫)

ia→ya(亚)　　ian→yan(眼)

ua→wa(挖)　　uan→wan(弯)　　uan→wang(望)

(2) ü 行的韵母自成音节时，前面加 y，ü 上两点省去。例如：

ü→yu(于)　　üan→yuan(渊)

2. 隔音符号(')的用法

a、o、e 开头的音节，连在其他音节后面时，如果音节界限发生混淆，就用隔音符号(')隔开。例如：

kù'ài(酷爱)——kuài(快)

shàng'è(上腭)——shāngē(山歌)

fān'àn(翻案)——fānàn(发难)

fāng'àn(方案)——fǎngǎn(反感)

lián'ǒu(莲藕)——nǚ'ér(女儿)

hòu'ài(厚爱)——chāo'é(超额)

3. 省写法

(1) iou、uei、uen 与声母相拼时，主要元音弱化或消失，为了拼写简便，省去中间的元音 o、e，写成 iu、ui、un。例如：

qiū(秋)　　guī(归)　　kūn(昆)

(2) ü 行的韵母与声母 j、q、x 相拼时，ü 上两点省去；ü 行的韵母与声母 n、l 相拼时，ü 上两点保留。例如：

ju(据)　qu(区)　xu(须)

nü(女)　lü(吕)

4. 标调法

(1)调号应标在音节的主要元音(韵腹)上,例如:

ā(阿)　qiāo(敲)　què(却)　fáng(房)

(2)在 iu、ui 中,调号应标在后面的元音 u 或 i 上,例如:

jiǔ(九)　huí(回)

(3)调号标在 i 上时,i 上的点省略,例如:

jǐ(己)　lìng(另)

(4)轻声不标调,例如:

háizi(孩子)　yuèliang(月亮)

5. 关于 ê 的用法

ê 自成音节时,只有一个语气词 ê(欸)。

ê 的主要作用是在复韵母中与 i 构成 ie,与 ü 构成 üe,拼写时 ê 上面的帽子省掉,例如:

iê—ie　xiè(谢)　yē(椰)

üê—üe　yuè(月)　jué(绝)

6. 关于舌尖韵母 -i(前)和 -i(后)

字母 i 代表了舌面元音韵母 i 和两个舌尖元音韵母即 -i(前)、-i(后)。

由于 i 不和 zh、ch、sh、r、z、c、s 相拼,舌尖元音 -i 只和 zh、ch、sh、r、z、c、s 相拼,所以 -i(前)、-i(后)与 zh、ch、sh、r、z、c、s 相拼时省去了 -i 前面的"-"。例如:

i ⎰ bi(比) pi(皮) mi(米)
　⎨ di(堤) ti(题) ni(你) li(李)
　⎱ ji(基) qi(七) xi(希)

-i(前)　zi(资)　ci(此)　si(思)

-i(后)　zhi(知)　chi(吃)　shi(诗)　ri(日)

7. 按词连写

给汉字注音,拼写普通话有两种方法,一是按字注音,一是按词连写。

按字注音是以汉字为单位,一个音节一个音节分开写。例如:

Ài　zǔ　guó　ài　rén　mín
爱　祖　国，爱　人　民

按字注音,音节界限清楚,这种读物叫作注音式读物,适合初学者。按字注音拉长了拼写距离,不便于阅读,拼写句子的时候,要按词连写,把一个词的各个音节写在一起,词与词之间分开拼写。例如：

Pǔtōnghuà　shì　jiàoshī　de　zhíyè　yǔyán
普通话　　是　教师　　的　职业　语言

8. 大写字母的用法

（1）一个句子开头的第一个字母要大写。例如：

Shēnghuó　zhōng　méiyǒu　lǐxiǎng　de rén, shì　kělián　de rén
生活　　　中　　没有　　理想　　的人，是　可怜　　的人

Kēxué　jìshù　jiùshì　shēngchǎnlì
科学　　技术　就是　　生产力

（2）人名、地名、国名等专有名词的每部分的第一个字母要大写。例如：

Lǐ Bái（李白）　　　　Máo Zédōng（毛泽东）

Běijīng Shì（北京市）　Guǎngdōng Shěng（广东省）

Huáng Hé（黄河）　　Tài Shān（泰山）

Yālù Jiāng（鸭绿江）　Běijīng Dàxué（北京大学）

Zhōnghuá Rénmín Gònghéguó（中华人民共和国）

（3）商标、标语、书名、标题、广告牌的每一个字母大写，也可以每一部分的第一个字母大写。例如：

RENMIN RIBAO　或　Rénmín Rìbào（人民日报）

BEICAN SHIJIE　或　Bēicǎn Shìjiè（悲惨世界）

HETANG YUESE　或　Hétáng Yuèsè（荷塘月色）

9. 短横的用法

短横"－"是连接号，表示词语之间的连接关系。例如：

huán－bǎo　环保（环境保护）

gōng－guān　公关（公共关系）

短横有时用于书写或者排版上的转行，表示音节的衔接。汉语拼音按音节移行，在行末写完一个音节后加连接号，下行开头接着写后一个音节。一个音节无论包含多少字母，不能拆开移行。例如，guāngmíng 可分成 guāng－míng，不能分成 gu－āngmíng。

三、汉语拼音教学法

汉语拼音是认识汉字，学习普通话的工具，是小学语文教学的重要组成部分。自1958年推行《汉语拼音方案》以来，我们汉语拼音教学积累了丰富的经验，常见的拼音教学方法有：

（一）拼合法

这是传统的汉语拼音教学方法，包含两拼法和三拼法。根据小学生的特点，本着减

轻学生负担的目的,对《汉语拼音方案》做了一些变通处理,内容包括以下两种。

1. 声母 23 个(21 个声母 + y、w)

b p m f d t n l g k h j q x zh ch sh r z c s y w

2. 韵母 24 个

单韵母(6 个):a o e i u ü

复韵母(8 个):ai ei ui ao ou ui ie üe

特殊韵母(1 个):er

前鼻音韵母(5 个):an en in un ün

后鼻音韵母(4 个):ang eng ing ong

3. 整体认读音节(16 个)

zhi chi shi ri zi ci si

yi wu yu

ye yue yuan

yin yun ying

小学汉语拼音教学把 y、w 当声母教,减少了韵母的数量,省学了 ia、ua、uo、iao、iou、uai、uei、ian、uan、iang、uang、iong、ueng 等韵母,这些韵母的拼读可以通过声母 + 介音 + 韵母,即三拼法解决;其余的 24 个韵母可以使用两拼法,即声母 + 韵母进行拼读。

把 iu、ui、un 直接当韵母教,省略了 iou、uei、uen 拼写规则的学习。当 iou、uei、uen 独立成音节时,用 y、w 与 ou、ei、en 相拼,例如,y—ou→you、w—ei→wei、w—en→wen。

由于单韵母 ê 的主要作用是在复韵母中与 i 构成 ie,与 ü 构成 üe,教学中也不再提及。

通过整体认读音节,省略了 y、w 的拼写规则的学习,并且减少了舌尖单韵母 -i(前)、-i(后)和中响复韵母 üan,避免造成混乱,增加负担。

(二)直呼音节

直呼音节是指认读汉语音节时,不需要拼读,而是直接呼读整个音节。

汉语拼音无论是给汉字注音,还是学习普通话,都是以音节作为独立运用的单位。对汉语拼音的掌握和运用,主要是看能否熟练地运用音节。传统的汉语拼音教学采用的是"三呼"形式,即一呼声母(呼读音),二呼韵母,三呼成音节。例如,b(o)→an→ban。直呼音节摆脱了呼必有三的习惯程序,省去了拼读的过程,把音节作为独立运用的单位,大大提高了学习的效率。

汉语拼音的基本音节有 400 个,而且带有规律性,比汉字简便易学。直呼音节可以让小学生在不识字或者识字不多的情况下,提高阅读纯拼音读物或注音读物的速度,为大量阅读提供有利条件。通过注音识字,提前进入读写练习(简称"注提"),对于发展学生的语言,开发学生的智力,有着积极的作用。

直呼音节的方法:

1. 声韵连读法

即看到一个音节先看清音节的声母、韵母和声调,然后声母轻短,韵母重,前紧后松一口气,中间不能有停顿地快速连读,熟练以后就能达到直呼效果。

2. 声母支架法

即看到一个音节,先做好发声母的口形动作(支好发音的姿势),然后看准带调的韵母,一出声就把声母的本音与带调的韵母合成一个音节读出来。例如,"ba"是先把嘴唇合上像发"b"的形状,然后发"a"的音,便能呼出"ba"。

3. 声介合母连读法

就是把声母与介母(i、u、ü)构成"声介合母",并把它当作一个零件。凡是拼读带有介母的音节,只需把音节分成"声介合母"与韵母两个部分就可以声介合母和后随韵母连读直呼出来。例如,"kuang"这个音节,只需"ku"与"ang"连读就行了。

4. 整体认读法

这种方法是像认记"整体认读音节"(yi、wu、yu)一样,像认读汉字一样,直接认读一个个音节。这是最高版本的直呼音节法。

拓展学习

请扫码学习《汉语拼音常用音节练习表》
《带声调的韵母》《拼读音节》等相关内容。

自我检测

一、给下列汉字注音,并列表分析其音节结构方式。

快 红 闷 会 俄 我 九 壮 爱 知 基 伍 好 大 忧

二、请根据普通话声韵配合规律说明下面音节拼写的错误,并加以改正。

móng(盟)　　dō(多)　　fī(非)　　jué(绝)

ōng(翁)　　shòng(宋)　　suāng(双)

giě(给)　　luì(类)　　xá(霞)

三、改正下列各音节中的拼写错误,并说明理由。

yǔjǜ(雨具)　　　　iōuxioù(优秀)

lúenlióu（轮流）　　xǐngù（醒悟）
guēilù（规律）　　　iánglǐu（杨柳）
yiànǔ（谚语）　　　iàn（疑案）

四、拼写下列句子。

国家推广全国通用的普通话。

语言这东西不是随便可以学好的,非下苦功不可。

戒骄戒躁,永远保持谦虚谨慎的精神。

读书可以作为消遣,可以作为装饰,也可以增长才干。

五、拼读下面诗句。

　　　　　　Tóushēn gémìng jí wéi jiā,
　　　　　　Xuèyǔ – xīngfēng yīng yǒu yá.
　　　　　　Qǔyì – chéngrén jīnrì shì,
　　　　　　Rénjiān biàn zhòng zìyóu huā
　　　　　　　　　　——Méilǐng Sān Zhāng（Zhī Sān）

第六章

语流音变

学习目标

● 知识目标
1. 了解普通话主要的音变现象,准确掌握轻声、儿化的音变规律。
2. 把握上声、"一、不"的变调规律和语气词"啊"的变读规律,为朗读、说话奠定基础。

● 能力目标
1. 熟练掌握几种音变的规律。
2. 准确认读轻声、儿化的发音。
3. 能准确读出上声、"一、不"在不同声调音节前的发音。
4. 能读准语气词"啊"的变调。

关键词

音变;轻声;儿化;变调;"啊"的音变

知识导图

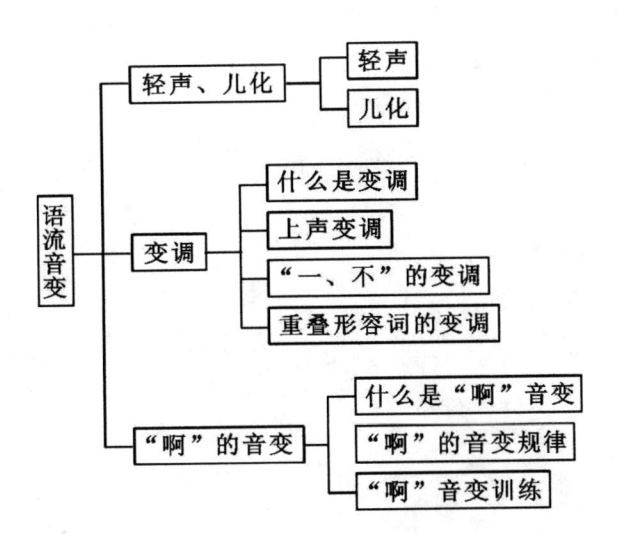

```
                        ┌─ 轻声
         ┌─ 轻声、儿化 ─┤
         │              └─ 儿化
         │
         │              ┌─ 什么是变调
         │              ├─ 上声变调
语流音变 ─┼─ 变调 ──────┤
         │              ├─ "一、不"的变调
         │              └─ 重叠形容词的变调
         │
         │              ┌─ 什么是"啊"音变
         └─ "啊"的音变 ─┤─ "啊"的音变规律
                        └─ "啊"音变训练
```

69

人们说话或朗读时,不是孤立地把一个音节一个音节分开来说,而是把若干音节组成词语或句子连续不断地发出,这样就形成了语流。在语流中,音节之间相互影响,就引起了语音的变化,这种变化叫"音变"。

普通话的音变现象主要包括轻声、儿化、变调和语气词"啊"的音变。

第一节　轻声、儿化

案例导入

读下面这首儿歌,体会轻声和儿化的读法。

有个小男孩儿,穿件儿蓝小褂儿,拿着小竹篮儿,装的年糕和镰刀。有个小女孩儿,穿件儿绿花儿裙儿,梳着俩小辫儿,拉着一头老奶牛。俩人儿手拉手儿,唱着快乐的牧牛歌儿,拉着牛拿着篮儿,溜溜达达向前走。走到柳林边,拴上牛放下篮儿,拿出了年糕和镰刀,吃了甜年糕,拿起小镰刀,提着竹篮儿去割草,割了一篮儿又一篮儿。

一、轻声

(一)什么是轻声

普通话的每一个音节都有它的声调,可在语音序列中,由于音节间相互影响,某些音节失去了原有的声调,变成了一种又轻又短的调子,这种现象叫作轻声。

轻声不是四声之外的第五种调类,而是由四声变化而来的,是一种语音弱化现象,在物理上表现为音高模糊,音强变弱,音长变短。

(二)轻声的作用

(1)区别词义:轻声对某些词或短语有区别词义的作用。例如:

冷战:lěngzhàn,名词,指不使用武器的战争;
　　　lěngzhan,名词,指因为寒冷而发抖。

东西:dōngxī,名词,指方向东方和西方;
　　　dōngxi,名词,指物件、物品。

兄弟:xiōngdì,名词,指哥哥和弟弟;
　　　xiōngdi,名词,指弟弟。

(2)区别词义和词性:轻声对某些词或短语在区别词义的同时还有区分词性的作用。例如:

地道:dìdào,名词,指地下通道;

dìdao,形容词,指真正的、纯粹的。
运气：yùnqì,动词,指武术、气功的一种训练方法；
　　　yùnqi,名词,指幸运。
买卖：mǎimài,动词,指买和卖；
　　　maimai,名词,指生意。

(三)轻声的发音规律

在普通话中,以下一些成分常常读作轻声。

(1)语气词"吧、吗、啊、呢、啦"等,例如：

走吧　好吧　在吗　要吗　行啊　是啊　你呢　哪里呢　吃完啦　说够啦

(2)动态助词"着、了、过",结构助词"的、地、得"以及"们"等,例如：

走着　想着　跑了　完了　走过　说过

用的　穿的　慢慢地　悄悄地　好得很　唱得响

他们　咱们　朋友们　先生们

(3)名词后缀"头、子"等,例如：

儿子　老子　桌子　椅子　瘦子　鼻子

馒头　舌头　想头　念头　木头　甜头

(4)叠音词或重叠动词的后一个音节,例如：

走走　看看　说说　吃吃　笑笑　遛遛

(5)用在动词或形容词后面的表趋向的动词"来、去、上来、下去"等,例如：

起来　出去　坐下　跑上来　落下去　看起来　拿出来

(6)用在名词或代词后面的方位词,如"上、下、里、边、面"等,例如：

路上　台上　墙上　早上　晚上　脚下　底下　地下　桌下

屋里　夜里　家里　外边　左边　西边　前面　东面　里面

(7)量词"个",例如：

一个　三个　这个　那个　哪个

(8)此外,一些常用的双音节口语词的第二个音节习惯上读作轻声,例如：

巴掌　收成　先生　家伙　机灵　称呼　石榴　行当　琵琶　时候　朋友

打算　意思　眼睛　力量　爽快　买卖　厚道　故事　会计　风筝　苍蝇

(四)轻声的读法

阴平＋轻声：黑的　桌子　说了　挑头（轻声调值约为2）

阳平＋轻声：红的　房子　晴了　石头（轻声调值约为3）

上声＋轻声：紫的　斧子　好了　枕头（轻声调值约为4）

去声＋轻声：绿的　凳子　睡了　木头（轻声调值约为1）

二、儿化

(一)什么是儿化

普通话中,韵母 er 的用法比较特殊,er 不能与其他声母相拼,也不能同其他音素组合成复合韵母,只能自成音节,常用的字有"而、二、耳、儿、饵、尔、贰、迩"等。此外,er 还有一种特殊的用法,它可以附着在其他韵母后面,与其他韵母融合成一个音节,使这个韵母发生变化,成为一个带卷舌动作的韵母,这种现象叫作"儿化",儿化后的韵母称作"儿化韵"。

儿化是普通话中一种特殊的音变现象,"儿"指卷舌动作,"化"是说卷舌动作应柔软地融化在前一个音节上。儿化了的音节写出来是两个汉字,如"草儿、车儿、本儿"等,但读出来听觉上只有一个音节,用汉语拼音字母拼写儿化音节时,只需在原来的音节之后加上"r"(表示卷舌动作)就可以了,而不是加上整个韵母"er"。例如,"馅儿"(xiànr)、"台阶儿"(táijiēr)。

(二)儿化的作用

儿化在表达词语的语法意义和修辞色彩上都起着积极的作用。

1. 区别词性

盖(动词)——盖儿(名词)

个(量词)——个儿(名词)

画(动词)——画儿(名词)

尖(形容词)——尖儿(名词)

2. 区别词义

头(脑袋)——头儿(头领、首领)

信(信件)——信儿(消息)

末(最后)——末儿(细碎的或呈粉状的东西)

3. 表示喜爱、温婉的感情色彩

小孩儿　大婶儿　老头儿　小曲儿　来玩儿　慢慢儿

4. 表示细、小、轻、微的性状

小鱼儿　门缝儿　一会儿　办事儿　一点儿　树枝儿

(三)儿化韵的发音

(1)音节末尾是 a、o、ê、e、u(包括 ao、iao 中的 o)的,儿化后其读音变化不太大,主要元音直接带上卷舌音色彩即可。例如:

号码儿 hàomǎr　　　山坡儿 shānpōr　　　叶芽儿 yèyár

饭盒儿 fànhér　　　水珠儿 shuǐzhūr　　　粉末儿 fěnmòr

大伙儿 dàhuǒr　　　小道儿 xiǎodàor　　　小调儿 xiǎodiàor

(2) 主要元音为 i、ü 的韵母，儿化后在原韵母后面直接加上 er，例如：

锅底儿 guōdǐr　　玩意儿 wányìr　　小米儿 xiǎomǐr　　果皮儿 guǒpír

小曲儿 xiǎoqǔr　　毛驴儿 máolúr　　有趣儿 yǒuqùr　　金鱼儿 jīnyúr

(3) 韵尾是 i 或 n 的韵母（in、ün 除外），儿化后丢掉韵尾，主要元音卷舌。例如：

大牌儿 dàpáir　　　窗台儿 chuāngtáir　　宝贝儿 bǎobèir

口味儿 kǒuwèir　　一对儿 yīduìr　　　　糖块儿 tángkuàir

传单儿 chuándānr　亏本儿 kuīběnr　　　　鸡眼儿 jīyǎnr

路边儿 lùbiānr　　　圆圈儿 yuánquānr　　手绢儿 shǒujuànr

(4) 韵母是舌尖元音（前、后）-i 的，儿化后丢掉原韵母加 er。例如：

戏词儿 xìcír　　找刺儿 zhǎocìr　　柳丝儿 liǔsīr　　石子儿 shízǐr

果汁儿 guǒzhīr　没事儿 méishìr　　树枝儿 shùzhīr　锯齿儿 jùchǐr

(5) 韵尾为 ng 的韵母，儿化后丢掉韵尾 ng，主要元音鼻化（带有鼻音），同时卷舌。例如：

瓜瓤儿 guārángr　　板凳儿 bǎndèngr　　花瓶儿 huāpíngr

茶缸儿 chágāngr　　药方儿 yàofāngr　　小羊儿 xiǎoyángr

菜秧儿 càiyāngr　　竹筐儿 zhúkuāngr　　门窗儿 ménchuāngr

跳绳儿 tiàoshéngr　竹凳儿 zhúdèngr　　　裤缝儿 kùfèngr

小洞儿 xiǎodòngr　　抽空儿 chōukòngr　　酒盅儿 jiǔzhōngr

小熊儿 xiǎoxióngr

(6) 韵母为 in、ün 的，儿化后丢掉韵尾 n，主要元音保留，后面加上 er。例如：

手印儿 shǒuyìnr　　花裙儿 huāqúnr　　合群儿 héqúnr

使劲儿 shǐjìnr　　　口信儿 kǒuxìnr

(四) 儿化训练材料

1. 词语练习

马扎儿	豆芽儿	酒窝儿	火锅儿	小车儿	山歌儿	麻雀儿	土豆儿
小鸟儿	符号儿	面条儿	办法儿	盖盖儿	宝贝儿	耳坠儿	圆圈儿
饭碗儿	乖乖儿	脸盆儿	光棍儿	使劲儿	口信儿	红裙儿	脚印儿
一会儿	这会儿	等会儿	坐会儿	帮忙儿	药方儿	照亮儿	鼻梁儿
蛋黄儿	相框儿	板凳儿	红绳儿	胡同儿	桌洞儿	小熊儿	小羊儿
小声儿	蚕蛹儿	天窗儿	金鱼儿	果皮儿	打气儿	马驹儿	玩意儿
小米儿	小曲儿	摸底儿	毛驴儿	有趣儿	三十儿	没词儿	石子儿
血丝儿	没事儿	树枝儿	锯齿儿	一下儿	小孩儿	有点儿	死扣儿
豆芽儿	旦角儿	藕节儿	好玩儿	差点儿	一圈儿	纳闷儿	主角儿

大伙儿	包干儿	冰棍儿	干活儿	病号儿	老伴儿	金鱼儿	脸蛋儿
聊天儿	爆肚儿	奶嘴儿	快板儿	面条儿	草垫儿	差点儿	没事儿
纽扣儿	鸡爪儿	边沿儿	打鸣儿	板擦儿	干活儿	老头儿	刀把儿
碎步儿	没错儿	没空儿	够劲儿	画画儿	打盹儿	摆摊儿	围脖儿
豆角儿	鸭梨儿	墨水儿	小曲儿	闺女儿	中间儿	锅贴儿	门牌儿
脸盘儿	铜子儿	快板儿	线轴儿	门槛儿			

2. 绕口令练习

1)小哥俩儿

小哥俩儿,红脸蛋儿,手拉手儿,一块儿玩儿。小哥俩儿,一个班儿,一路上学唱着歌儿。学造句,一串串儿,唱新歌儿,一段段儿,学画画儿,不贪玩儿。画小猫儿,钻圆圈儿,画小狗儿,蹲庙台儿,画只小鸡儿吃小米儿,画条小鱼儿吐水泡儿。小哥俩,对脾气儿,上学念书不费劲儿,真是父母的好宝贝儿。

2)练字音儿

进了门儿,倒杯水儿,喝了两口运运气儿。顺手拿起小唱本儿,唱了一曲儿,又一曲儿,练完了嗓子练嘴皮儿,绕口令儿,练字音儿,还有快板儿对口词儿,越说越唱越带劲儿。

3)小饭碗儿

有个小孩儿叫小兰儿,口袋里装着几个小钱儿,又打醋,又买盐儿,还买了一个小饭碗儿。小饭碗儿,真好玩儿,红花儿绿叶儿镶金边儿,中间儿还有个小红点儿。

4)老婆儿和老头儿

东直门儿有个老婆儿拿棍儿赶小鸡儿,西直门儿有个老头儿骑驴儿唱小曲儿。老头儿上山头儿砍木头,砍了这头儿砍那头儿。对面儿来了个小丫头儿,给老头儿送来一盒儿小馒头儿,没留神撞上一块儿大木头,栽了一个大跟头儿。

拓展学习

请扫码阅读学习《普通话水平测试用常用必读轻声词语表》和《普通话水平测试用儿化词语表(新大纲)》。

第二节 变调

案例导入

读下面一段话,体会"一"的发音有何不同。

没有一片绿叶,没有一缕炊烟,没有一粒泥土,没有一丝花香,只有水的世界,云的海洋。一阵台风袭过,一只孤单的小鸟无家可归,落到被卷到海里的木板上,乘流而下,姗姗而来,近了,近了……

一、什么是变调

普通话的每个音节都有固定的声调,在语流中,当多个音节连续发出时,由于邻近音节声调的相互影响,某些音节的调值因为受到后面音节声调的影响而发生改变,这种现象就叫作变调。普通话里常见的变调有上声的变调、"一"和"不"的变调。

二、上声变调

(一)上声变调规律

上声在阴平、阳平、上声、去声前都会产生变调,只有在单念或处在词语、句子的末尾才有可能读原调。

(1)上声在阴平、阳平、去声、轻声前,即在非上声前,丢掉后半段"14"上升的尾巴,调值由 214 变为半上声 211。例如:

上声+阴平:海风　紧张　手枪　纸张　广西　火车　摆脱　语音　保温　小说
上声+阳平:海洋　火柴　检查　表扬　朗读　祖国　讲台　旅行　导游　改革
上声+去声:走路　跑步　讨论　考试　法律　感谢　否认　语气　广大　土地
上声+轻声:好的　老了　矮子　斧头　晚上　老实　宝贝　口袋　我们　耳朵

(2)两个上声相连,前一个上声的调值变得跟阳平的调值一样,调值由 214 变为 35。

上声+上声:土壤　洗礼　水手　窈窕　领导　野草　了解　演讲　友好　旅馆
　　　　　语法　古典　粉笔　简短　手表　冷饮　草稿　美好　打扫　理想

(3)三个上声相连,变调情况就稍微复杂一些,一般可根据词语的内部结构来确定上声的变读。常见的有两种形式:

单双格:单音节词+双音节词

相连的三个上声音节,其内部结构是单双格时,第一个上声音节往往变半上,调值是 211,第二个上声变阳平,调值为 35,变调形式为半上+阳平+上声。例如:

老保姆　小组长　好领导　老古董　小雨伞　冷处理　纸老虎　小拇指　土产品

双单格：双音节词 + 单音节词

相连的三个上声音节，其内部结构是双单格时，前两个上声都变为阳平，调值是35，变调形式为：阳平 + 阳平 + 上声。例如：

古典美　表演奖　采访稿　跑马场　展览馆　手写体　选举法　洗脸水　水彩笔

(4) 多个上声音节相连，上声音节的调值变化要先根据词语结构和语意适当分组，确定出音节段，再按以上规律去进行变调。例如：

请你给我买两把纸雨伞。

(二) 上声变调训练

1. 词语练习

上声 + 阴平

普通	火车	雨衣	打开	小心	假装	铁钉	水兵	百般	省心
警钟	顶端	短期	法官	纺织	抚摸	改编	广播	海区	假说
简称	起初	奖金	紧张	可惜	老师				

上声 + 阳平

祖国	旅行	导游	改革	朗读	考察	饱和	保持	阐明	场合
处罚	党员	倒霉	点燃	敢于	管辖	果实	检查	草原	语言
可能	咀嚼	果然	简直	解除	警察	省城	简明	永恒	可怜

上声 + 上声

友好	手指	理想	整理	永远	舞蹈	典雅	水果	手表	起码
小姐	美好	了解	火种	检讨	首领	奖赏	懒散	手指	母语
海岛	古典	旅馆	广场	首长	简短	粉笔	小组	减少	把柄
恳请	保管	滚滚	把守	彼此	百感	广场	鬼脸	靶场	

上声 + 去声

广大	讨论	挑战	土地	感谢	稿件	本地	比赛	产量	尺度
宝贵	醒目	小调	指示	把握	罕见	打仗	反对	辅助	宝贵
岗位	古代	导弹	美丽	可爱	典当	马路	酒菜	狡辩	

上声 + 上声 + 上声

| 展览馆 | 演讲稿 | 小组长 | 手写体 | 管理组 | 水彩笔 | 打靶场 | 勇敢者 | 总统府 |
| 举手礼 | 纸老虎 | 党小组 | 撒火种 | 冷处理 | 耍笔杆 | 小两口 | 纸老虎 | 老保守 |

2. 句子练习

我很了解你。

请给我五把小雨伞。

给我两碗炒米粉。

我任命你为小组长。

往北走老广场展览馆有好几百种土产品。

鲁家有个鲁老五,许家有个许小虎,两人约好柳下去练武,每天上午九点二十五,许小虎主动去找鲁老五,鲁老五走到门口等小虎。

三、"一、不"的变调

普通话"一"的本调是阴平,当"一"单念,或表序数,或处于词句末尾时不变调,其他情况下都要变调。普通话"不"的本调是去声,当它单念,或处于词句末尾时不变调,其他情况下都要变调。

(一)"一、不"变调规律

(1)"一、不"在单念,或表序数,或处于词语末尾时念本调,例如:

一　十一　第一　初一　一班　星期一　一月一日

十一月十一日　统一　唯一　万一　划一　不　偏不　去不

(2)"一、不"在非去声前念去声,调值是51,例如:

"一、不"+阴平

一天　一家　一斤　一边　一般　一生　一端　一瞥　一心

一些　不佳　不吃　不开　不安　不甘　不说　不分　不花

不公　不端

"一、不"+阳平

一年　一直　一人　一连　一群　一齐　一时　一条　一同

一头　不同　不详　不才　不凡　不牢　不和　不常　不来

不完　不求

"一、不"+上声

一碗　一秒　一脚　一本　一朵　一股　一举　一起　一统

一早　不想　不好　不管　不可　不准　不肯　不少　不起

不理　不仅

(3)"一、不"在去声前念阳平,调值是35,例如:

一切　一致　一趟　一定　一夜　一见　一块　一遍　一次

一套　一个　一束　一段　一辆　一件　一面　一看　一半

不去　不看　不够　不累　不必　不便　不测　不错　不但　不断

不料　不论　不是　不信　不幸　不用　不愿　不在　不怕　不像

(4)"一、不"夹在重叠的动词或形容词、动词和补语之间读轻声,例如:

想一想　试一试　找一找　说一说　看一看　管一管　谈一谈　笑一笑　走一走

懂不懂　听不听　用不用　会不会　来不来　肯不肯　开不开　去不去　好不好
看一眼　想一下　试一回　咬一口　用不着　吃不了　想不起　听不见　看不清

（二）"一、不"变调训练

1. 词语练习

1）含"一"变调的多音节词语

一般　一端　一边　一瞥　一心　一时　一同　一直　一齐　一旁　一连　一举
一起　一早　一体　一半　一带　一旦　一定　一度　一律　一面　一贯　一概
一瞬　一气　一切　一共　一线　一向　一再　一会儿　一点儿　一块儿
一辈子　一筹莫展　一帆风顺　一目了然　一丝不苟

2）含"不"变调的多音节词语

不安　不当　不甘　不光　不禁　不堪　不屈　不惜　不依　不一　不如　不行
不曾　不乏　不合　不凡　不妨　不服　不符　不及　不良　不平　不然　不容
不等　不法　不管　不仅　不久　不可　不免　不满　不忍　不想　不朽　不许
不必　不便　不啻　不错　不但　不定　不对　不断　不够　不顾　不过　不善
不快　不利　不力　不妙　不料　不论　不在乎　不至于　不由得　不得了
不得已　不动产　不敢当　不见得　不像话　不锈钢　不以为然　不动声色
不计其数　不胫而走　不可思议　不可一世　不速之客　不言而喻　不约而同

2. 句子练习

1）一心一意

干什么工作都要一心一意，表里如一，言行一致，一丝不苟。情绪不能一高一低，一好一坏，一落千丈，一蹶不振。做事必须一是一，二是二，一清二楚，说一不二，以一当十，即便一无所有，也要一分为二，要一不做，二不休；一不怕苦，二不怕累，不屈不挠，一切从零开始；决不能一而再，再而三地叫人摇头说不字。

2）"一"字诗

一帆一桨一渔舟，一个渔翁一钓钩。一俯一仰一场笑，一江明月一江秋。

3）找父母

有一位不高不矮的老头儿，领着一个不大不小的男孩儿，去找不老不小的父母。爷孙俩不慌不忙地走着，前后左右地张望着……在一个不上不下的台阶儿上，看见了不动声色的父母，抱着一对不好不坏的小狮子，正不知所措地站立着。看见爷孙一起走来，这对夫妇不好意思地向一老一小道了过失。

4）旧的不去，新的不来

冬冬不小心打碎了一个花瓶，他急得不可开交。爸爸见了不动声色，这使冬冬更不知所措。妈妈不慌不忙地走过来，和蔼地安慰冬冬说："今天这个花瓶不是你故意打碎的,妈妈不批评你;不过,以后干事情可不要再粗心了。"冬冬歉意地点了点头。接着,爸爸又风趣地说:"旧的不去,新的不来嘛!"这才使冬冬心头的一块石头落了地,连连向爸爸妈妈表示说:"以后我再也不粗心大意不管不顾了。"

5)交公粮

王老汉手拿一根不长不短的鞭子,赶着一辆不新不旧的大马车,拉着满车不计其数的公粮,奔驰在不宽不窄的大道上。到了粮库门口,不慌不忙地停住了那辆不新不旧的大马车,不声不响地放下了手中那根不长不短的鞭子,他不遗余力地肩扛一包一包不计其数的公粮,不厌其烦地装进了国家的大仓房。

四、重叠形容词的变调

(1)ABB格式,后面两个音节大部分念阴平,例如:

红彤彤 亮晶晶 绿油油 沉甸甸 白花花 黑黢黢 胖乎乎

(2)AABB格式,第二音节念轻声,后两音节念阴平,例如:

唠唠叨叨 口口声声 慌慌张张 稀稀拉拉 羞羞答答 马马虎虎

(3)AA儿式,后一个音节念阴平,例如:

慢慢儿 好好儿 远远儿 早早儿 稳稳儿 紧紧儿

热点讨论

《第一场雪》中各句"雪"的变调情况是怎样的?请按照变调规律准确读出来。

1.这是入冬以来,胶东半岛上第一场雪。

2.嗬!好大的雪啊!

3.树木的枯枝被雪压断了,偶尔咯吱一声响。

4.大街上的积雪足有一尺多深,人踩上去,脚底下发出咯吱咯吱的响声。

5.寒冬大雪,可以冻死一部分越冬的害虫。

6.一群群孩子在雪地里堆雪人,掷雪球……

7.有经验的老农把雪比做是"麦子的棉被"。

拓展学习

请扫码阅读学习《"一"和"不"的变调练习》。

第三节 "啊"的音变

案例导入

请读一读下面这首儿歌,说说每句话中的"啊"的发音都是一样吗?

窗台底下是谁啊?张果老啊!你怎么不进来啊?怕狗咬啊!你胳肢窝底下挟的是什么啊?破皮袄啊!你怎么不穿上啊?怕虱子咬啊!你的老伴啊?死得早啊!你怎么不哭啊?盆啊,罐啊,我的老蒜瓣啊!

一、什么是"啊"音变

语气词"啊"单念时读[ā],当"啊"用在句子的末尾时,由于受到前一音节末尾音素的影响,读音发生了种种变化,这种现象就是"啊"的音变。"啊"的音变是一种增音现象,即在 a 前面增加一个因素。在不同的语音环境中,"啊"的读音变化形式因前一音节末尾音素的不同而不同,呈现一定的规律性。

二、"啊"的音变规律

(1)前面的音素是 a、o(不包括 ao、iao)、e、i、ü、ê 时,"啊"读作 ya,汉字写作"呀"。

快打呀!(dǎya)　　就等你回家呀!(jiāya)　　夸呀!(kuāya)

大家快来吃菠萝呀!(luóya)　都是记者呀!(zhěya)　好新潮的大衣呀!(yīya)

日子过得真快呀!(kuàiya)　快帮我解围呀!(wéiya)　你怎么不吃鱼呀?(yúya)

这孩子多活跃呀!(yuèya)

(2)前面的音素是 u(包括 ao、iao)时,"啊"读作 wa,汉字写作"哇"。

您在哪儿住哇?(zhùwa)　　他普通话说得真好哇!(hǎowa)

还这么小哇!(xiǎowa)　　屋顶还漏不漏哇?(lòuwa)　　看你一身油哇!(yóuwa)

(3)前面的音素是 -n 时,"啊"读作 na,汉字写作"哪"。

这件事儿可不简单哪!(dānna)　　笑得真欢哪!(huānna)

买这么些冷饮哪!(yǐnna)　　发音真准哪!(zhǔnna)

(4)前面的音素是 -ng 时,"啊"读作 nga,汉字仍写作"啊"。

小心水烫啊!(tàngnga)　　小点儿声啊!(shēngnga)

行不行啊?(xíngnga)　　不管用啊!(yòngnga)

(5)前面的音素是 i(舌尖后元音)和 er 时,是儿化韵,"啊"读作 ra,汉字仍写作

"啊"。

没法治啊！(zhìra)　　随便吃啊！(chīra)　　什么了不起的事啊！(shìra)

他是王小二啊！(èrra)　　这儿多好玩儿啊！(wánrra)

（6）前面的音素是ⅰ(舌尖前元音)时，"啊"读作[z]a，汉字仍写作"啊"。

烧茄子啊！(zi[z]a)　　这是第几次啊？(cì[z]a)　　他就是老四啊！(sì[z]a)

掌握"啊"的变读规律，并不需要一一硬记，只要将前一个音节顺势连读"a"（像念声母与韵母拼音一样，其间不要停顿），自然就会念出"a"的音变来。用汉语拼音拼写音节时，"啊"仍写作a，不必写出音变情况。

三、"啊"音变训练

1. 准确读出下列朗读篇目中的"啊"音变

(1) 原来是天上的啊！（作品3号）

(2) 好大的雪啊！（作品5号）

(3) 再从家乡放到祖国最需要的地方去啊！（作品9号）

(4) 然而，火光啊……毕竟……毕竟就在前头！（作品16号）

(5) 家乡的桥啊，我梦中的桥。（作品18号）

(6) 它便敞开美丽的歌喉，唱啊唱，嘤嘤有韵。（作品22号）

(7) 是啊，我们有自己的祖国。（作品22号）

(8) 人和动物都是一样啊！（作品22号）

(9) 但这是怎样一个妄想啊。（作品25号）

(10) 这才这般的鲜润啊。（作品25号）

(11) 狗该是多么庞大的怪物啊！（作品27号）

(12) 是啊，请不要见笑。（作品27号）

(13) 应该奖励你啊！（作品39号）

(14) 而是自己的同学啊！（作品39号）

(15) 这都是千金难买的幸福啊。（作品40号）

2. 准确读出下列各句中的"啊"音变

(1) 看啊，多美的一幅画啊！那上面有山啊，水啊，树啊，花儿啊，还有许多小动物呢，有公鸡啊，白鸭啊，猪啊，羊啊，大水牛啊，枣红马啊，还有一只小白兔啊，多热闹啊！是啊，画得就像真的一样啊！

(2) 鸡啊鸭啊猫啊狗啊，一块儿水里游啊！牛啊羊啊马啊骡啊，一块儿进鸡窝啊！狼啊虫啊虎啊豹啊，一块儿街上跑啊！兔啊鹿啊鼠啊孩儿啊，一块儿上窗台儿啊！

(3) 菜市场的货物真丰富啊！鸡啊鸭啊鱼啊肉啊，油啊盐啊酱啊醋啊，生抽啊茶叶啊大米啊高粱啊,白菜啊黄瓜啊番茄啊豆角啊,鸭蛋啊香肠啊花椒啊大料啊……看得我眼花缭乱啊!

拓展学习

请扫码登录"普通话学习网"和"欣欣普通话在线学习网"进行相关学习。

自我检测

一、分析下列文段中的语流音变现象,并按照音变规律准确朗读。

1. 匆匆(段落) 朱自清

燕子去了,有再来的时候;杨柳枯了,有再青的时候;桃花谢了,有再开的时候。但是,聪明的,你告诉我,我们的日子为什么一去不复返呢?——是有人偷了他们罢:那是谁?又藏在何处呢?是他们自己逃走了罢:现在又到了哪里呢?

我不知道他们给了我多少日子,但我的手确乎是渐渐空虚了。在默默里算着,八千多日子已经从我手中溜去,像针尖上一滴水滴在大海里,我的日子滴在时间的流里,没有声音,也没有影子。我不禁头涔涔而泪潸潸了。

2. 桂林山水(段落) 陈淼

漓江的水真静啊,静得让你感觉不到它在流动;漓江的水真清啊,清得可以看见江底的沙石;漓江的水真绿啊,绿得仿佛那是一块无瑕的翡翠。

桂林的山真奇啊,一座座拔地而起,各不相连,像老人,像巨象,像骆驼,奇峰罗列,形态万千;桂林的山真秀啊,像翠绿的屏障,像新生的竹笋,色彩明丽,倒映水中;桂林的山真险啊,危峰兀立,怪石嶙峋,好像一不小心就会栽倒下来。

第七章

普通话水平测试

学习目标

● 知识目标

1. 了解普通话测试的内容。
2. 了解普通话水平等级标准。

● 能力目标

1. 熟悉普通话测试的要求。
2. 掌握普通话水平测试的应试技巧。

关键词

普通话测试；内容；方法

知识导图

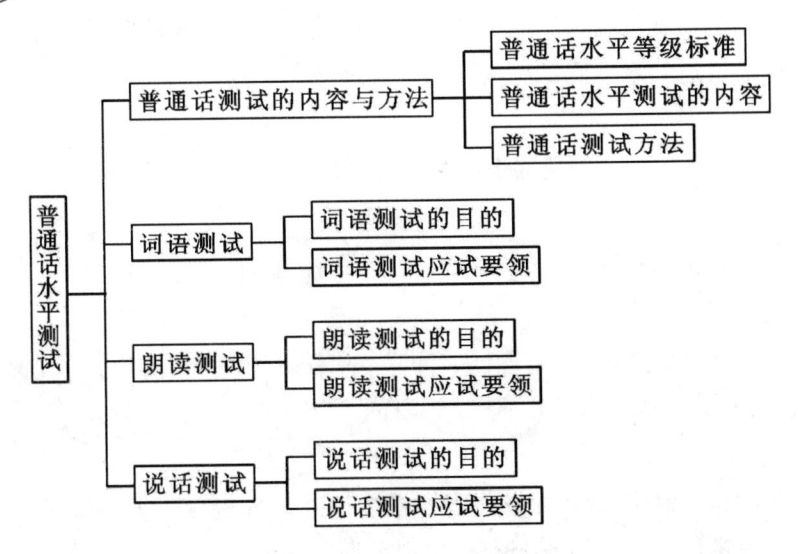

```
                                          ┌─ 普通话水平等级标准
                    ┌─ 普通话测试的内容与方法 ─┼─ 普通话水平测试的内容
                    │                      └─ 普通话测试方法
                    │
                    │                ┌─ 词语测试的目的
普通话      ├─ 词语测试 ─┤
水平测试    │                └─ 词语测试应试要领
                    │
                    │                ┌─ 朗读测试的目的
                    ├─ 朗读测试 ─┤
                    │                └─ 朗读测试应试要领
                    │
                    │                ┌─ 说话测试的目的
                    └─ 说话测试 ─┤
                                     └─ 说话测试应试要领
```

普通话水平测试（Pǔtōnghuà Shuǐpíng Cèshì），缩写为 PSC。PSC 的目的是：评定应试人普通话所达到的水平等级；通过测试，促进普通话的普及，并在普及的基础上逐步提高全社会的普通话水平，提高现代汉语规范化的程度。PSC 是一种标准参照性考试，是对应试人掌握和运用普通话所达到的规范程度、熟练程度的检测和评定。测试以口试方式进行，但它不是普通话知识的考试，不是文化水平的考核，也不是对口才的评估。

第一节　普通话测试的内容与方法

案例导入

河北一位姑娘经人介绍，认识了一位山东小伙子。从第一次见面起，都用普通话交谈。结婚那天晚上，新郎对新娘说："以后我说山东话吧！"新娘问："你原来不是一直跟我说普通话吗？""我不是怕你嫌我文化低嘛！现在已经把你娶进门了，我也该放松放松了。"

一年后，小宝宝出生了，当宝宝开始牙牙学语时，年轻的爸爸忽然又改口说普通话了。他说："不能让孩子从小学土话呀，孩子上学说土话会让同学看不起的。"

说普通话，是有文化修养的体现。年轻的父母让孩子从小就学说普通话，更是对孩子一生负责的表现。

一、普通话水平等级标准

国家语言文字工作委员会颁布的《普通话水平测试等级标准》是确定应试人普通话等级的依据。测试实施机构根据应试人测试的成绩认定其普通话等级，由语言文字工作部门颁发相应的普通话水平测试等级证书。等级证书全国通用。

普通话水平测试等级标准（试行）

一级

甲等　朗读和自由交谈时，语音标准，词汇、语法正确无误，语调自然，表达流畅。测试总失分率在 3% 以内。

乙等　朗读和自由交谈时，语音标准，词汇、语法正确无误，语调自然，表达流畅。偶然有字音、字调失误。测试总失分率在 8% 以内。

二级

甲等　朗读和自由交谈时，声韵调发音基本标准，语调自然，表达流畅。少数难点音（平翘舌音、前后鼻尾音、边鼻音等）有时出现失误。词汇、语法极少有误。测试总失分率在13%以内。

乙等　朗读和自由交谈时,个别调值不准,声韵母发音有不到位现象。难点音(平翘舌音、前后鼻尾音、边鼻音、fu—hu、z—zh、j、送气不送气、i—ü不分、保留浊塞音、浊塞擦音、丢介音、复韵母单音化等),失误较多。方言语调不明显。有使用方言词、方言语法的情况。测试总失分率在20%以内。

三级

甲等　朗读和自由交谈时,声韵调发音失误较多,难点音超出常见范围,声调调值多不准。方言语调较明显。词汇、语法有失误。测试总失分率在30%以内。

乙等　朗读和自由交谈时,声韵调发音失误多,方音特征突出。方言语调明显。词汇、语法失误较多。外地人听其谈话有听不懂的情况。测试总失分率在40%以内。

各级各等分数按百分制计算分别如下:

100分≥一级甲等≥97分

97分＞一级乙等≥92分

92分＞二级甲等≥87分

87分＞二级乙等≥80分

80分＞三级甲等≥70分

70分＞三级乙等≥60分

二、普通话水平测试的内容

(一)普通话水平测试的项目和范围

(1)普通话语音系统,包括声母、韵母、声调、变调(上声连读和"一""不"的变调)、轻声、儿化。其中,轻声、儿化以国家语言文字工作委员会组织审定的《普通话水平测试用轻声词表》《普通话水平测试用儿化词表》为测试范围。

(2)词汇以国家语言文字工作委员会组织审定的《普通话水平测试用普通话词语表》和《普通话水平测试用普通话与方言词语对照表》为测试范围。

(3)语法以国家语言文字工作委员会组织审定的《普通话与方言常见语法差异对照表》为测试范围。

(4)语言表达:①朗读短文以国家语言文字工作委员会组织审定的《普通话水平测试用朗读材料(60篇)》为测试范围;②命题说话以国家语言文字工作委员会组织审定的《普通话水平测试用话题(30条)》为测试范围。

(二)普通话水平测试试卷构成及分值

普通话水平测试试卷包括五个组成部分,满分为100分。

(1)读单音节字词100个,共10分,时限3.5分钟。

(2)读双音节词语50个,共20分,时限2.5分钟。

（3）朗读短文一篇（400个音节），共30分，时限4分钟。

（4）选择判断，共10分，时限3分钟。具体试题类型包括：

①词语判断测查应试人掌握普通话词语的规范程度。

②量词、名词搭配测查应试人掌握普通话量词和名词搭配的规范程度。

③语序或表达形式判断测查应试人掌握普通话语法的规范程度。

（5）说话，共30分。测试以单向说话为主，应试人从给定的两个话题中选定1个话题，连续说一段话。时限3分钟。

【说明】省级语言文字工作部门可根据实际情况决定是否进行"选择判断"项的测试，如免测此项，则将"命题说话"项的分值调整为40分。

三、普通话测试方法

普通话水平测试采用口试方式，使用"普通话水平智能测试系统"录音和评分。测试过程由应试人个人独立操作计算机完成。测试完成后，除"命题说话"题采用人工评分外，其余测试题由"普通话水平智能测试系统"即时自动评分。

（一）计算机辅助普通话水平测试操作流程

第一步：佩戴耳机

考生携带证件进入测试室按机号就座后，等待考试机屏幕上出现"请佩带好您的耳机！"提示后，戴上耳机，并将麦克风调节到离嘴巴2～3厘米的距离。

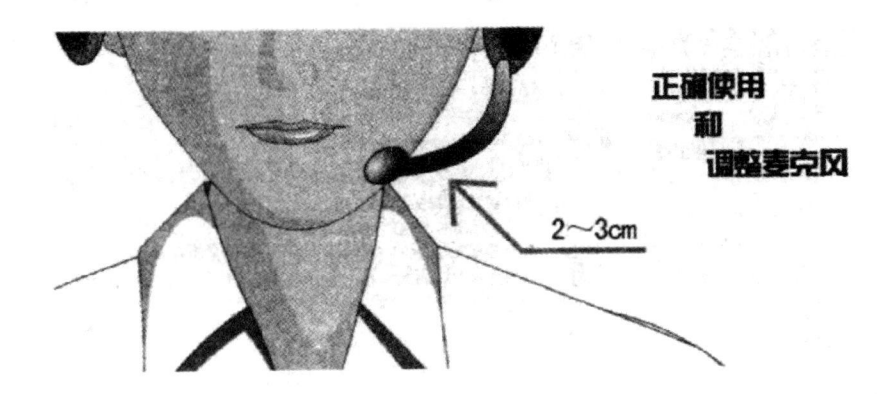

第二步：考生登录

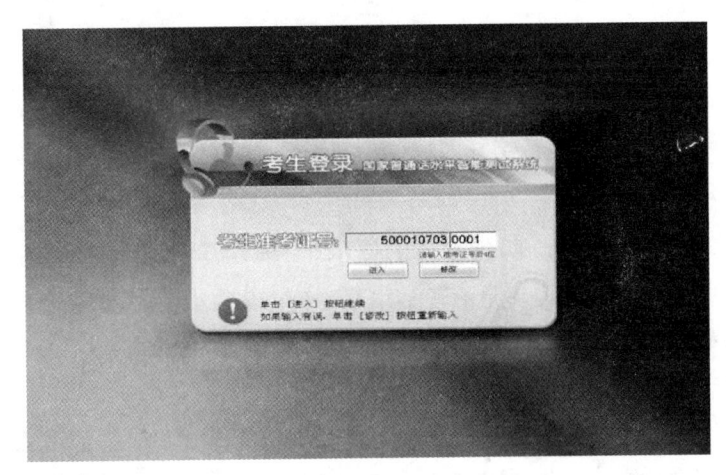

戴好耳机后，即可点击"下一步"按钮，进入"考生登录"页面。

屏幕出现登录界面后，考生填入自己的准考证号。准考证号的前几位系统会自动显示，考生只需填写最后四位。填写完成后，点击"进入"按钮，进入"核对信息"页面。

第三步：核对信息

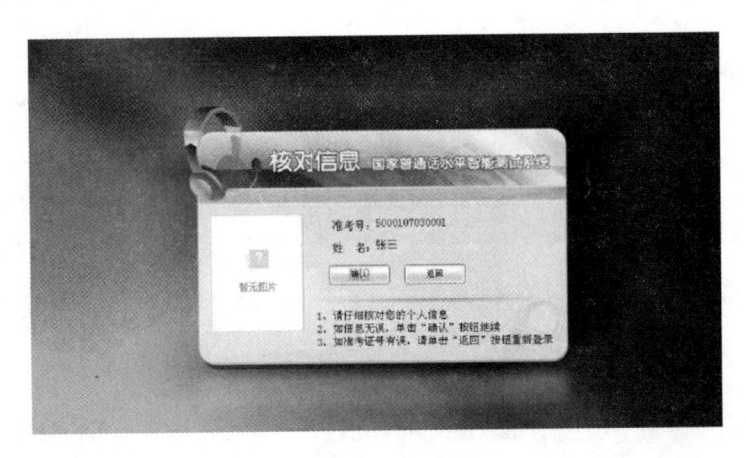

考生认真核对电脑屏幕上所显示信息是否与自己相符,如果有误,请点击"返回"按钮重新登录。如果核对无误,请单击"确认"按钮。这时,页面会弹出提示框"请等待考场指令,准备试音"。

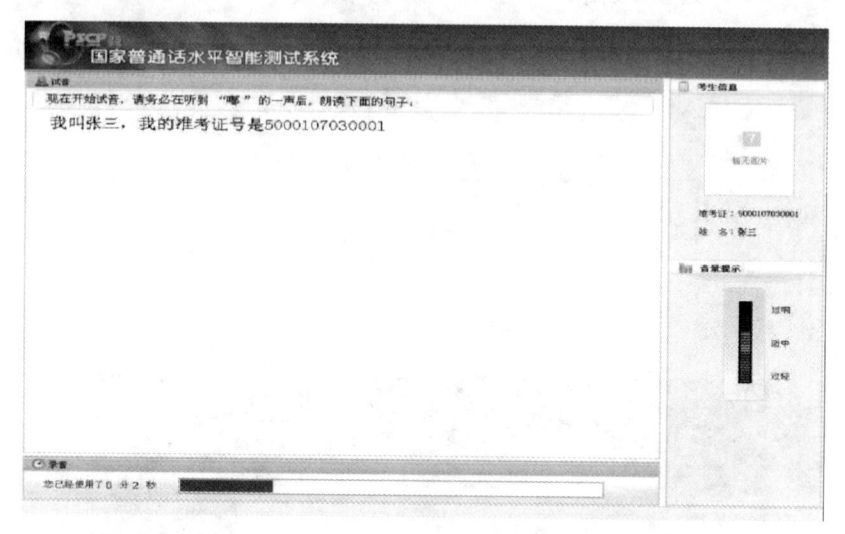

第四步:考生试音

当出现试音页面后,考生会听到系统的提示语"现在开始试音,请在听到'嘟'的一声后,朗读文本框中的个人信息"。提示音结束后,考生以适中的音量和语速开始朗读文本框中的文字,开始试音。

试音结束后,系统会提示考生试音成功与否。

若试音失败,页面会弹出提示框,请点击"确认"按钮,加大朗读音量重新朗读文本框中的个人信息。若试音成功,页面会弹出提示框"请等待考场指令,准备考试"。

第五步:开始测试

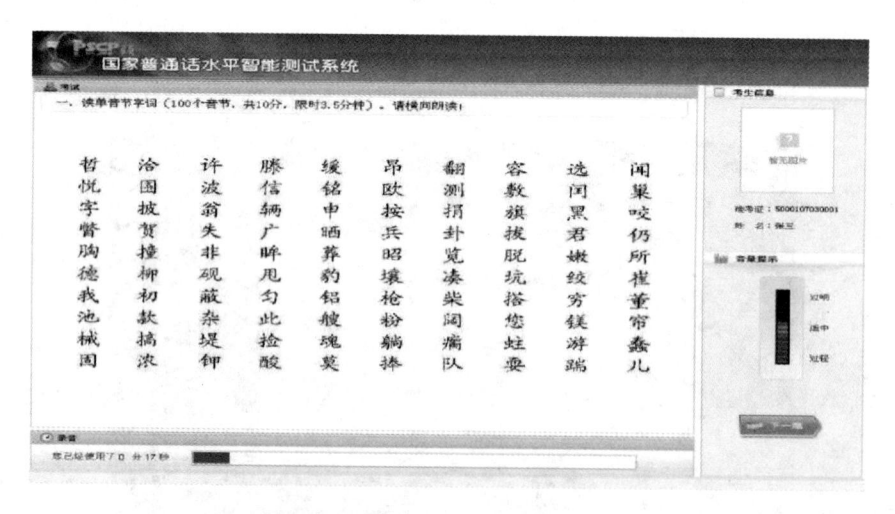

当系统进入第一题,考生会听到系统的提示语"第一题:读单节字词,限时3.5分钟,

请横向朗读"。在听到"嘟"的一声后,考生就可以朗读试卷的内容了。

第一题限时3.5分钟。页面的下方有时间条,朗读时注意时间控制,如果提前读完,请不要等待,及时点击屏幕右下方"下一题"按钮,进入第二题考试。

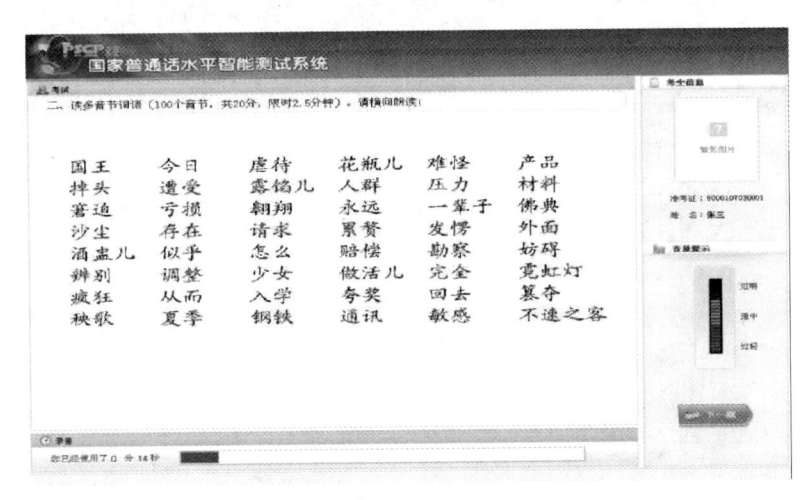

当系统进入第二题,考生在听到系统的提示语并听到"嘟"的一声后,就可以朗读试卷的内容了。

第二题限时2.5分钟。页面的下方有时间条,朗读时注意时间控制,如果提前读完,请不要等待,及时点击屏幕右下方"下一题"按钮,进入第三题考试。

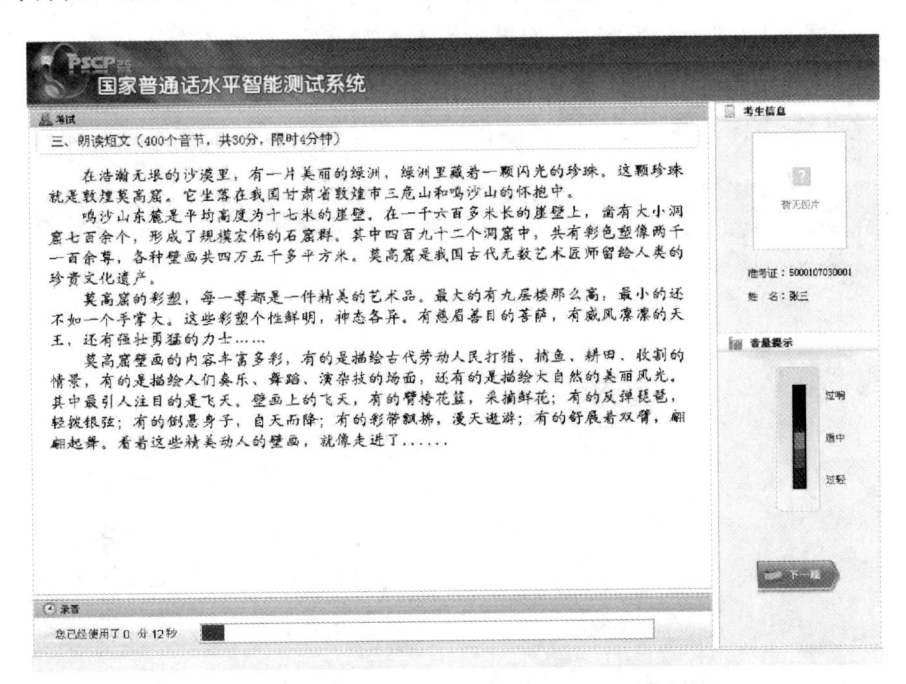

当系统进入第三题,考生在听到系统的提示语并听到"嘟"的一声后,就可以朗读试卷的内容了。

第三题限时4分钟。页面的下方有时间条，朗读时注意时间控制，如果提前读完，请不要等待，及时点击屏幕右下方"下一题"按钮，进入第四题考试。

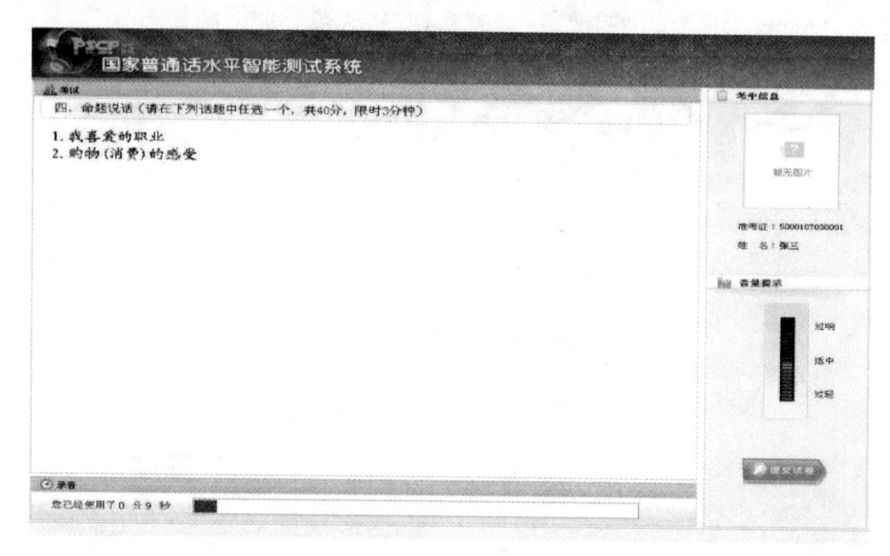

第四题是命题说话，当系统进入第四题，考生在听到系统的提示语并听到"嘟"的一声后，首先读出自己选择的说话题目，如我说的话题是"我喜欢的节日"，然后围绕自己所选择的说话题目说一段话。

第四题的限时3分钟是指必须说满3分钟。考生在说满3分钟后应及时点击屏幕右下角的"提交试卷"按钮，结束考试。如果考生不点击该按钮，系统会自动提交。

第六步：完成测试

提交完试卷，页面会弹出结束考试的提示框，考生摘下耳机后就可以离开考场了。

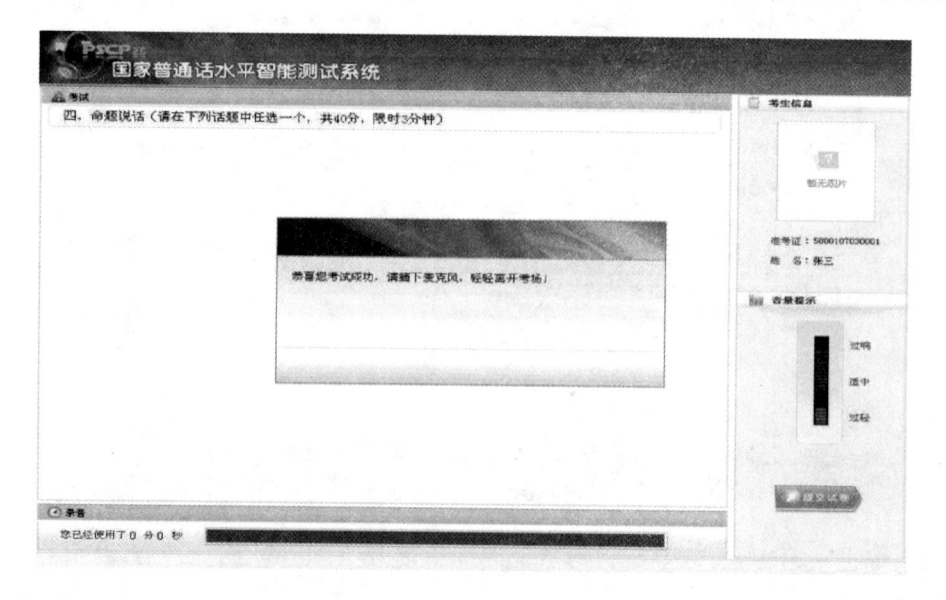

(二)考生在计算机辅助测试过程中应注意的事项

(1)正确佩戴耳机。为了不影响录音效果,麦克风与嘴巴不要离得太远或太近,也不要让麦克风离鼻子太近。

(2)测试时发音要准确、清晰、饱满,音量控制得当。

(3)每一题测试前系统都会有一段提示音,请务必在提示音结束并听到"嘟"的一声后,再开始朗读,测试前三题时,不必读题,直接朗读测试的内容。

(4)测试第一题"读单音节字词"和第二题"读多音节词语"时,必须横向朗读,并且注意不要漏字(遇到不会读的字词时,随便读一个音即可)、漏行(不要受字体颜色影响,考题中的黑色和蓝色字体均要朗读)、错行,避免出现字词的改读及回读现象。

(5)每题读完后,不要停下来等待,应立即点击右下角"下一题"按钮,进入下一题测试。

(6)第四题命题说话,进入页面后,不必等待,应立即选择话题开始说话。此项测试缺时扣分,考生超过6秒未开口说话,机测系统即开始缺时计算。

(7)测试结束后,提交试卷,摘下耳机,离开考场。

拓展学习

请扫码登录网站学习《普通话机测操作指南》。

第二节 词语测试

案例导入

汉语的同音字很多,常常读错的音与另一个字一组合,就变成了另外的词语了。听起来不免使人捧腹:雄姿——雄鸡,掏钱——偷钱,流利——流泪,拂晓——腐朽,严父——阉父,贵客——怪客,咬字儿——鸟字儿,小辫儿——小瓣儿……我们说话写文章用词以双音节为多数,一旦拆成单音字,竟会有许多成了生面孔,以至于让人不由自主地联系到常跟它在一起的伙伴,这样就有了看着"瘫"念"拐"、看着"歪"念"斜"、看着"吞"念"吐"、看着"瘦"念"肉"的奇特现象。这样的念法甚至波及双音节词语,曾经有一位应试人把"龋齿"念作"蛀牙",害得测试员满卷子找"蛀牙"这个词,半天才反应过来,原来这位应试人是为词语作了注解,不禁哑然。

普通话测试试题中对词语的测试主要通过第二题"读多音节词语"题目完成,也通过第一题"读单音节字词"中部分词语完成,因为第一题中大多数单音字是单音词,只有少数字不是词,是构成多音节词语的语素。

一、词语测试的目的

读单音节字词是普通话水平测试中的基础检测,目的是检测应试人用普通话读常用字词时的声韵调是否准确。读多音节词语目的是"测查应试人声母、韵母、声调和变调、轻声、儿化读音的标准程度"。

二、词语测试应试要领

(一)吐字归音,珠圆玉润

"吐字归音"是我国传统戏曲艺术提及咬字方法时所用的一个术语,它的具体内容既包括发音的基本要领,也包括发音的审美要求。这种咬字方法是从汉语语音特点出发的,它把一个音节的发音过程分为出字、立字、归音三个阶段,通过对每个发音阶段不同的控制,使吐字达到清晰、饱满、弹发有力的境界。

1. 出字

出字指声母和韵头(介音)的发音过程,要求"部位准确,叼着有力"。例如,"变 biàn"的声母"b"的发音:先以上唇与下唇成阻,蓄积足够气力,然后迅速除去上下唇形成的阻力,打开口腔。

2. 立字

一个音节的发音是否能达到字正腔圆,与韵腹的发音有密切关系。立字的过程是韵腹的发音过程,要求"打开立起,声音饱满"。以"变 biàn"字为例,出字过后就应打开口腔至发 a 的状态,气要跟上、充实并取得较丰富的泛音共鸣。与头尾比较,韵腹的发音过程最长,应有"竖起"和"立体"展开的感觉。即使是高元音 i、u、ü 充当韵腹时,口腔也应适当开大些,这叫作"闭口音稍开"。但要注意,不能因为韵腹发音响亮而任意延长,造成因声废字。

3. 归音

归音是指音节发音的收尾过程,要做到"干净利索,趋向鲜明"。归音的过程是力渐松、气渐弱、口渐闭、声渐止的过程,与出字、立字比较,掌握起来难度更大。归音时要"干净利落",不能"拖泥带水留尾巴"。"趋向鲜明"是指唇舌的动作要"到家",以"变 biàn"字为例,舌尖要"归到"韵尾 n 的位置,即抵住上齿龈。

4. "枣核形"

符合出字、立字、归音要求的吐字过程应构成一个完整、立体的形状——"枣核形",

它不仅是吐字归音的规矩,也体现了清晰集中、圆润饱满的审美要求。"枣核形"是以声母为一端(如果韵母有韵头则包含韵头),韵尾为一端,韵腹为核心,如图7-1所示。

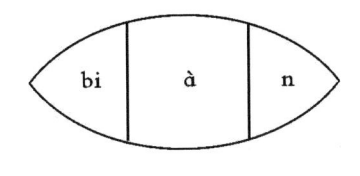

图7-1 枣核形

"枣核形"训练是使发音规格化的必要过程,作为技巧训练它最终是要为表达思想感情服务的,所以,在投入使用时,"枣核形"不能一成不变。在读多音节词语时要视不同情况使"枣核形"有所变化,或拉长或缩短,还可以调节吐字力度。

(二)掌握合适的语速,从容准确地读出每个词语

应试者要清晰响亮地读出每个词语,不要含混,注意声、韵、调准确到位,还应注意轻声、变调、儿化等音变现象。语速不要过快,语速过快,字词发音不到位,就可能造成语音缺陷;语速过慢,则可能影响正常表达,甚至超时。

测试时碰到一字多音的单字,可任读其中一个规范的音。例如,"还"可读hái,也可读huán,都算正确。多音节词语中的一字多音字,因为测试题提供了词语语境,那么,就要据词定音,音随义转。例如,"快乐"只能读lè,不能读yuè。

测试时如果有的字确实不认识或者一时想不起它的读音了,可以随意读一个音,不要因为读不出来而过度紧张或停留时间太长。

(三)注意按词连读,不要按字分读

多音节词语,其前后音节具有不可分割的连续性和紧密性。在普通话水平测试时,应试人由于过分注重词语各音节中声、韵、调或者单字音的到位,往往把一个多音节词语切割开,按字分读,把一词一停顿变成了一字一停顿,即使间隔时间不是很长但也破坏了多音节词语的整体性。例如:

船长	今日	合作	
chuán zhǎng	jīn rì	hé zuò	(按字分读)
chuánzhǎng	jīnrì	hézuò	(按词连读)

所以,读词语时应该注意词语的连贯性,词与词之间要分开,字与字之间不要分开,一个多音节词语不能拆开成若干单音节字朗读。

(四)注意多音节词语的轻重音格式

多音节词语测试题中大多是双音节词语,少数是三音节、四音节词语。测试时,词语的轻重音格式不正确,会造成声调的缺陷。下面我们对双音节、三音节、四音节词语的轻重音格式情况分别列表说明,如表7-1~表7-3所示。

表 7-1 双音节词语的轻重音格式

轻重格式	特点	例词	所占比例
中·重	后音节的朗读比前音节稍强一些,是双音节的基本格式	电池、海洋、军队	95.14%
重·次轻	后音节的朗读比前音节稍弱一些,又称为"可轻读词语"	太阳、报酬、任务	1.65%
重·最轻	后音节的朗读比前音节弱,归为"必读轻声词"	桌子、队伍、月亮	3.21%

表 7-2 三音节词语的轻重音格式

轻重格式	特点	例词
中·次轻·重	绝大多数三音节词采用这一基本格式	电视剧、三角洲
中·重·最轻	后边两个音节是一个轻声词	胡萝卜、老头子
重·最轻·中	通常是前边两个音节是一个轻声词,末一个音节是"们"	朋友们、娃娃们

表 7-3 四音节词语的轻重音格式

轻重格式	特点	例词
中·次轻·中·重	绝大多数四音节词采用这一基本格式	自力更生、层出不穷
中·次轻·重·最轻	往往是两个双音节词语结合而成	如意算盘、外甥媳妇(儿)

拓展学习

请扫码登录普通话学习网,学习《词语表音频(表一常用字)》《词语表音频(表二常用字)》和《普通话字词资料》。

第三节 朗读测试

案例导入

有一个应试者朗读作品19号(节选自艾菲《我不再美慕……》)时,把其中一段读成了这样:"从山沟沟里跨进大学那年,我才16岁,浑身上下飞扬着土气。没有学过英语,不知道安娜卡列尼/娜是谁……"你觉得这样停顿有问题吗?

一、朗读测试的目的

普通话朗读文章测试检测应试人用普通话朗读书面材料的水平。该项测试要求应试人做到如下几点:

(1)准确、熟练地运用普通话,做到字音规范、音变正确。

(2)领会作品内容,正确把握作品思想感情,读出真情实感。

(3)遵从原文,不丢字、不添字、不改字。

(4)语调自然,停连恰当,重音处理正确,语速快慢得当。

二、朗读测试应试要领

(一)发音要准确、清晰

1. 读音要准确

准确,是指普通话语音要正确,特别要注意多音字的读音,因为在朗读测试项中,多音字出现的频率是比较高的。所以,朗读时要"音随义转",在理解词义的基础上,准确把握多音字的读音。

2. 吐字要清晰

吐字归音关系到音节的清晰度和声音的圆润、饱满。首先,要"字正腔圆",这是衡量吐字归音的最基本的标准。所谓"字正"包括音准、音真、音纯三个方面;"腔圆"指的是声音运用得集中、圆润、灵活、自如。因此,朗读时,首先要字音清晰,调值到位,上声变调、"一""不"变调、轻声、儿化、语气词"啊"的变读等语流音变合乎普通话语音规矩。其次,要呼吸得当,换气自然,不把词、句读破,不吃字丢音。最后,要使喉部放松,声音自然、悦耳。还要注意调节共鸣,使音色柔和、响亮、动听。应防止由于吸气太浅而造成字音虚乏无力、声音嘶哑;同时,也应防止共鸣不当,出现浓重喉音和鼻音。

(二)要注重合理运用朗读技巧

朗读的技巧,主要是指朗读过程中对句子的停连、词语读音的轻重、节奏的快慢、语调的升降等方面的掌握与处理。

1. 停连

所谓停连,是指停顿和连接。在朗读过程中,那些为表情达意所需要的声音的中断和休止就是停顿;那些声音不中断、不休止的地方就是连接。停连一方面是生理的需要,另一方面也是表情达意的需要,通过停连可以更清晰、更有效地表达作品内容,更鲜明、更强烈地体现作品情感;同时它也是表达上的需要,因为得体的停连可以显示语言的节奏，并增强表达的效果。

我们一般将停顿分为语法停顿和逻辑停顿两种。

1）语法停顿

即指句子间语法关系的停顿，如句子中主谓之间、述宾之间、修饰限制词与中心词之间的停顿，还有分句之间、句子之间以及段落层次之间的停顿等。由于停顿位置不同，意义便不同。而停顿时间的长短，又从另一角度来反映意义。因此，要注意这种停顿的运用，以免产生歧义。

2）逻辑停顿

即指为准确表达语意，提示语言内在联系而形成的语流中声音的顿歇。逻辑停顿不受语法停顿的限制，它没有明确的符号标记，往往是根据表达的内容与语境要求来决定停顿的地方和停顿的时间。例如："没有／一片绿叶，没有／一缕炊烟。"（作品22号）

朗读时，我们一般从以下四个方面来考虑如何选择停连的位置：

（1）准确理解句意和文意。

（2）正确分析语句结构。

（3）恰当想象文字所体现的情景。

（4）合理处置标点符号。

2. 重音

重音又叫重读，是指在朗读过程中为了更好地体现语句目的，在表达时着意强调的词或词组。重音常和停连一起，使语意表达更加清楚准确，使感情色彩更加鲜明。重音包括语法重音和逻辑重音两种。朗读中，运用较多的是强调重音。在朗读时，重音的选择标准有如下三个：

（1）重音应该是突出语句目的的中心词。中心词包括短句中的谓语动词、句子中的修饰成分和限制成分、补语、疑问代词、数量结构、拟声词等；还包括并列关系、对比关系、转折关系语句中的关键词等。例如："大雪整整下了一夜。"（作品5号）；"'噗啦'一声落到了船上。"（作品22号）；"什么是永远不会回来呢？"（作品14号）

（2）重音应该是体现逻辑关系的对应词。这是根据上下文内容的提示决定的。例如："谁能把花生的好处说出来？"（作品26号）该句中，我们从下文孩子们的回答中可知，这里应该强调"好处"二字，而不是"谁"或"花生"。表达目的不一样，逻辑重音不一样。

（3）重音应该是点染感情色彩的关键词。它大多出现在情绪高昂激动，表达节奏强烈的地方。例如："品位这东西为气为魂为筋骨为神韵，只可意会。"（作品30号）

3. 快慢

快慢是指朗读时，语句中每个音节的长短和音节的疏密程度，即朗读的语速。在朗读中,语速贯穿于作品的始终,把握好语速,快慢适度,不仅有助于减少不必要的失分,更有助于表意清楚,准确传达作品内容,从而增加作品的表达力、感染力。

语速要适应不同的体裁。普通话水平测试朗读作品有记叙文、散文、说明文、议论文四种不同的文体。文体不同,语速也不一样。一般来说,说明文、议论文的语速快于记叙文、散文。即使同一体裁的作品,语速也不是固定不变的,常常受到修辞方式的制约。在测试用朗读作品中,有比喻、排比、设问、引用、比拟、双关等多种不同的修辞方式,一般来说,比喻、比拟、双关、引用的语速慢于设问、反问、排比,特别是作品中的排比,语速就常常较快,从而增加话语的气势。

叙事类作品中的语速还受到人物对话的制约。作品中的人物对话能够体现人物的性格、心理活动。为了充分反映人物内在的思想感情,必须根据不同人物选择适当的语速,从而准确刻画人物性格,使人物形象更加丰满、真实。

4. 句调

句调是指语句声音的抑扬或升降。这种抑扬或升降是准确传递句子思想感情的需要,是语气的外在表现形式,它既随句子语气的不同而不同,又随感情需要而变化。句调一般有升调、降调、平调、曲调四种。

在表示反问、疑问、惊异、号召等语气时,常使用升调。例如:"难道你就只觉得树只是树,难道你就不想到它的朴质,严肃,坚强不屈,至少象征了北方的农民。"(作品1号)

在表示陈述、感叹、请求等语气时,一般用降调。例如:"外祖母永远不会回来了。"(作品14号)

在表示严肃、冷淡、叙述等语气时,常使用平调。例如:"三百多年前,建筑设计师莱伊恩受命设计了英国温泽市政府大厅。"(作品19号)

在表示含蓄、讽刺、意在言外等语气时,一般用曲调。例如:"现在您肯定知道为什么阿诺德的薪水比您高了吧!"(作品2号)

总之,朗读时语调的变化一定要根据多方面因素来确定和设计,使之能真正表现出其内在韵味。

拓展学习

请扫码登录普通话学习网,学习《普通话朗读资料》和《朗读作品音频》。

第四节　说话测试

案例导入

上海一位检察官去东北出差,在宾馆入住登记时,总台服务员看他身穿制服,就问他:"有家伙什儿没有?"上海客人很奇怪,回答说:"我没有家务事。"服务员说:"谁问你有没有家务事,我是问你有家伙什儿没有?"客人生气了:"我家在上海,在这里有什么家务事?莫名其妙!"

你听明白了吗?"家伙什儿"在东北话里是"工具、武器"的意思,服务员是想问这位检察官带没带枪支,如果有枪支是要登记的,可是她使用了方言词语,虽然说这个词语时她也用了普通话语音,但是南方的客人还是听不懂,难怪人家要生气了。

一、说话测试的目的

普通话说话测试考查应试人在无文字凭借时的说话水平,重点测试语音标准程度、词汇语法规范程度和表达自然流畅程度。该项测试要求应试人做到如下几点:

(1)语音标准,音变规范,不留方言痕迹。

(2)词汇语法规范,不出现方言词汇和方言语法。

(3)按照日常口语的语音语调来说话,口语表达要符合口语的习惯,符合口语的语法。

(4)说话要自然、流畅,用普通话思维,思维连贯。

二、说话测试应试要领

说话既要考虑普通话的标准规范,又要考虑内容的表达,组织好语言,这就给说话应试提出了更高的要求。应试人在进入考场之前要调整好情绪,保持良好的心态和较为振奋的精神。这是取得测试成功的基本保证。应试人可以借助以下方法缓解自己的紧张情绪。

(一)镇定自若,充满自信

"命题说话"不仅是对应试人语言水平的考查,同时,也是对应试人心理素质的考验。说话是在没有文字凭借的情况下,把思维的内部语言转化为自然、准确、流畅的外部语言,需要应试人有良好的心理素质。

(1)自我暗示法。把测试机电脑屏幕当成自己多年不见的好朋友,有很多话要对他说。

（2）自我激励法。要对自己充满信心，相信自己经过认真的准备，能够说好。

（3）自我缓解法。要有效控制自己的情绪，保持冷静。进入考场，不要急于开讲，可做几个深呼吸来安定自己的情绪，也可喝口水，拿餐巾纸擦擦手、擦擦嘴来缓解紧张情绪。

（二）明确话题类型，理清表达思路

按《普通话水平测试大纲》规定，应试者可以从给定的两个话题中任选其一，这就要求应试者从自身的具体情况出发，选择自己感兴趣的、较熟悉的话题来说。当确定话题后，应试者可以迅速考虑说话的思路，列出提纲，切忌面面俱到，更不要像写作文一样，句句准备，只要把想说的几个方面想清楚就可以了。

《大纲》提供了30个测试用话题，这些话题大体可归为三个类型。

1）记叙性话题

从记叙的角度说话，可以说人或动物，如话题"我尊敬的人""我的朋友""我喜欢的动物"，可以说事，如话题"童年的记忆""难忘的旅行""我的假日生活"。说话的时候，心中只要把什么时间、在什么地方、发生了什么连成一个线索，即可相对完整地讲述人、动物或事。

2）议论性话题

需要从议论的角度来展开的话题，要注意提出观点，再举证说明观点。如"谈谈卫生与健康"可以提出卫生与健康存在必然关联，然后从正反两方面说明为何有必然联系；"谈谈个人修养"可以提出个人修养的重要性，然后说明注重与不注重个人修养产生的不同结果；"谈谈科技发展与社会生活"可以先提出二者是同步前进还是互有制约，然后找出例证；"谈谈对环境保护的认识"可以提出保护的重要性，再列举不保护的恶果。

3）说明性话题

从说明的角度来展开话题，要注意把握时间、空间、逻辑等顺序原则。介绍"我的成长之路""我知道的风俗"时，可以遵循时间顺序来说明成长的过程或风俗的过去与现在；介绍"我的家乡""我向往的地方"时，可着眼于空间顺序来说明家乡的位置、特点，或所向往之处的各种因素；介绍"我的学习生活""谈谈服饰"时，可把学习生活或服饰按一定特点分类叙说，形成一定的逻辑顺序。

话题的分类是大致的划分，并不是绝对的，有些题目是可以兼类的。如议论性、说明性话题内容可用叙述某事某人来证明、介绍，记叙性话题内容也可用证明、介绍的方式来陈述。比如，"谈谈服饰""购物的感受"既可以谈自己对服饰的看法、对购物的看法，也可以谈自己对服饰的审美、购物过程中的所见所闻。

话题之间还可以互相转换，一是议论话题转为记叙，可以降低说话的难度。二是相同的文体互相转换话题。记叙文体中的记人与记事话题之间可以转换，比如"童年的记忆"与"我的成长之路",议论文体的"谈谈社会公德"与"谈谈个人修养"也可以互相转换。测试时可根据情况灵活掌握,选择自己熟悉的话题内容和语体来说。

(三)精心选材,切题恰当

确定话题、理清思路之后,应当迅速选取材料。《普通话水平测试用话题》的30个说话题目,和每个应试人的生活都密切相关,每个题目都应该有话可讲。因此,应试人选材应该选自己亲身经历的第一手材料或自己熟悉的材料。这样,应试人在说话的过程中不仅有话可说,还会自然地注入自己的情感,增加话题的生动性与感染力。对话题要找准恰当的切入点,将生疏的题目化为熟悉的题目,设法将大题化为小题。比如,"谈谈对某一社会现象的看法",社会现象十分复杂,有正面的、也有反面的,有政治经济的、也有百姓生活的,有宏观的、也有微观的,你可以选取经常发生在身边的事情,如赡养老人问题、社会医疗保险问题、住房问题、交通安全问题等,都是一种社会现象,你可以从某一点切入,把大题目化为小题目,把抽象的题目化为具体的题目,就有话可说了。为了防止自己出现情绪波动,甚至情绪失控无法继续考试的情况,应试人尽量不要选择会对自己形成强烈刺激的事件和人物作为话题材料,如重大家庭变故、亲人去世生病、考试或求职受挫等。

(四)调节好语速,表述清晰

一般情况下,说话速度为180～240个音节/分钟。根据内容、情景、语气的要求,偶尔稍快、稍慢也是正常的。但要防止过快与过慢。语速过快就容易导致发音不到位,语音不标准,暴露出许多问题,比如平翘不分、前后鼻音混淆、齿尖音、复韵母单音化等;语速过快还会造成吞音的现象。因此,说话时可适当放慢速度,吐字清晰不含混。当然也不能过慢,语速过慢会造成语句不连贯,甚至割裂语义。

说话是以句子、语段为单位的,在这样的语流中,有轻重缓急的变化,往往缓的、重的字词归音要求较高,急的、轻的归音次之,但这不等于可以忽视语流中不需要重读强调的字词,要避免说话的时候把轻声字词或者比较轻说的字词模糊到被吃掉的地步。

(五)话语要自然流畅,用词要准确得体

所谓自然,指的是能按照日常口语的语音、语调来说话,不要带着朗诵或背诵的腔调。说话时要多用口语词,少用书面语,摒弃方言词汇。还要多用短语、单句,避免口头禅,如嗯、啊、然后、那个等。具体来说,应该注意以下几个方面的问题:

1)多用简单句,少用长句

说话由于是现想现说,大多句式简短,一般没有长句子,即使有比较复杂的意思要表达,也分成几个短句子来说,这样可以保持思维的连贯性,减少语句错误,尤其是少用很长的修饰语,话语要比较平实。

2)多用口语词,少用书面语,避免使用方言词语

口语一般通俗易懂,书面语比较文雅。

第七章　普通话水平测试

试比较以下词语：

口语词	后退	没法儿	想办法	周围
书面语词	退缩	无奈	设法	方圆

说话多使用口语词,这是口头语言自身的特点,不必故意去追求文绉绉的语言,要尽量说得清楚明白、通俗易懂。多用口语词并不意味着可以随便使用方言词语,仍然要注意词语的规范。口语词不等于方言词,要使用普通话的口语词,不使用方言口语词。说话要注意避免使用反映日常生活和事物的方言词语,特别是称呼词、语气词等,比如武汉方言的语气词"哟"、广东方言的"哇"等。

3) 避免啰唆、重复,不要说口头禅

无论是日常生活交往,还是普通话水平测试,都要求说话内容丰富,信息量大,说得有血有肉,生动活泼,让人爱听。如果一句话能表达的简单意思,说成了很长的一段话,或一句话重复几遍,就给人以多余、烦琐和啰唆的感觉,让人听来生厌。还有的人说话喜欢带口头禅,比如凡说话必有"这个"或"那么",这都是应该避免的。要尽快把话题向前推进,让每一句话都有较大的信息含量,富有新意,引人思考。

4) 不要用读书腔、背书腔来说话

说话不是朗读,不是背诵,怎么想就怎么说。朗读是培养普通话语调语感的好形式,有助于说好普通话,但说话并不需要用朗读和背书的腔调去说,而要用一种生活化的交谈的方式去说,要避免说话出现读书腔、背诵腔,关键在于平时要坚持讲普通话,养成讲普通话的习惯,让习惯成自然,这样去进行普通话水平测试,一定会取得好的效果。

拓展学习

请扫码登录网站学习《普通话异读词审音表(修订稿)》《轻声词语表音频》和《儿化词语表音频》。

自我检测

一、读单音节字词(100个音节,共10分,限时3.5分钟)。

嘀	嫩	挖	禾	椎	昂	官	揉	花	镍
紧	兑	讲	夏	熔	寸	选	峰	磁	踪
问	萌	胸	云	内	渴	右	躺	破	饶
四	滚	抓	扯	摸	迅	宾	辣	元	傻
栏	翼	蜀	备	所	面	窘	凑	阻	光
美	持	沈	停	耳	擤	董	确	许	庄

101

鸟	触	骑	兽	菊	边	酒	凝	阅	来
亮	粉	牵	癌	征	喊	乔	知	甩	憋
淘	剖	隋	方	钓	潘	愣	戳	饱	翁
洽	丢	残	快	魂	桑	瓢	阔	米	氟

二、读多音节词语(100个音节,共20分,限时2.5分钟)。

规则	传导	通用	后头	定额	词汇	太阳系
上层	从而	浪费	铺盖	色彩	压力	小说儿
烤火	加速	疲倦	照片	荒谬	玩耍	天窗儿
国民	外界	穷困	饼子	佛法	党委	泪珠儿
红娘	夸张	薄弱	溜达	灭亡	人群	老本儿
这些	日食	男女	虐待	增强	觉悟	偶然性
亏损	妖怪	平均	山区	全体	语重心长	

三、朗读短文(400个音节,共30分,限时4分钟)。

作品37号(见附录2)

四、命题说话(请在下列话题中任选一个,共40分,限时3分钟)。

1. 难忘的旅行

2. 我喜欢的节日

附录1　普通话水平测试30个命题说话题目

(1) 我的愿望

(2) 我的学习生活

(3) 我尊敬的人

(4) 我最喜爱的小动物（或植物）

(5) 童年的记忆

(6) 我喜爱的职业

(7) 难忘的旅行

(8) 我的朋友

(9) 我喜爱的文学（或其他）艺术形式

(10) 谈谈卫生与健康

(11) 我的业余生活

(12) 我最喜欢的季节

(13) 学习普通话的体会

(14) 谈谈服饰

(15) 我的假日生活

(16) 我的成长之路

(17) 谈谈科技发展与社会生活

(18) 我知道的风俗

(19) 我和体育

(20) 我的家乡（或熟悉的地方）

(21) 谈谈美食

(22) 我喜欢的节日

(23) 我所在的集体（学校、机关、公司等）

(24) 谈谈社会公德（或职业道德）

(25) 谈谈个人修养

(26) 我喜欢的明星（或其他名人）

(27) 我喜爱的书刊

(28) 谈谈对环境保护的认识

(29) 我向往的地方

(30) 购物（消费）的感受

附录2　普通话朗读作品[①]

作品1号　白杨礼赞

　　那是力争上游的一种树,笔直的干,笔直的枝。它的干呢,通常是丈把高,像是加以人工似的[(1)],一丈以内,绝无旁枝;它所有的丫枝[(2)]呢,一律向上,而且紧紧靠拢,也像是加以人工似的,成为一束,绝无横斜逸出;它的宽大的叶子也是片片向上,几乎[(3)]没有斜生的,更不用说倒垂了;它的皮,光滑而有银色的晕圈[(4)],微微泛出淡青色。这是虽在北方的风雪的压迫下却保持着倔强[(5)]挺立的一种树!哪怕只有碗来粗细罢,它却努力向上发展,高到丈许,两丈,参天耸立[(6)],不折不挠,对抗着西北风。

　　这就是白杨树,西北极普通的一种树,然而绝不是平凡的树!

　　它没有婆娑的姿态,没有屈曲盘旋的虬枝[(7)],也许你要说它不美丽,——如果美是专指"婆娑"[(8)]或"横斜逸出"之类而言,那么,白杨树算不得树中的好女子;但是它却是伟岸,正直,朴质,严肃,也不缺乏温和,更不用提它的坚强不屈与挺拔,它是树中的伟丈夫!当你在积雪初融的高原上走过,看见平坦的大地上傲然挺立这么一株或一排白杨树,难道你就只觉得树只是树,难道你就不想到它的朴质,严肃,坚强不屈,至少也象征了北方的农民;难道你竟一点儿[(9)]也不联想到,在敌后的广大土//地上,到处有坚强不屈,就像这白杨树一样傲然挺立的守卫他们家乡的哨兵!难道你又不更远一点想到这样枝枝叶叶靠紧团结,力求上进的白杨树,宛然象征了今天在华北平原纵横决荡用血写出新中国历史的那种精神和意志。

语音提示:

　　(1)似的 shìde　　(2)丫枝 yāzhī　　(3)几乎 jīhū　　(4)晕圈 yùnquān

　　(5)倔强 juéjiàng　　(6)耸立 sǒnglì　　(7)虬枝 qiúzhī　　(8)婆娑 pósuō

　　(9)一点儿 yīdiǎnr

作品2号　差别

　　两个同龄的年轻人同时受雇于一家店铺,并且拿同样的薪水[(1)]。

　　可是一段时间后,叫阿诺德的那个小伙子青云直上,而那个叫布鲁诺的小伙子却仍在原地踏步。布鲁诺很不满意老板的不公正待遇。终于有一天他到老板那儿[(2)]发牢骚[(3)]了。老板一边耐心地听着他的抱怨,一边在心里盘算着怎样向他解释清楚他和阿诺德之间的差别[(4)]。

[①] 普通话培训与测试研究中心,《普通话等级考试教程》编写组.普通话等级考试教程:下册[M].北京:北京理工大学出版社,2015.

"布鲁诺先生,"老板开口说话了,"您现在到集市上去一下,看看今天早上有什么卖的。"

布鲁诺从集市上回来向老板汇报说,今早集市上只有一个农民拉了一车土豆在卖。

"有多少?"老板问。

布鲁诺赶快戴上帽子又跑到集上,然后回来告诉老板一共四十袋土豆。

"价格是多少?"

布鲁诺又第三次跑到集上问来了价格。

"好吧,"老板对他说,"现在请您坐到这把椅子上一句话也不要说,看看阿诺德怎么说。"

阿诺德很快就从集市上回来了。向老板汇报说到现在为止只有一个农民在卖土豆,一共四十口袋,价格是多少多少;土豆质量很不错,他带回来一个让老板看看。这个农民一个钟头以后还会弄来几箱西红柿,据他看价格非常公道。昨天他们铺子的西红柿卖得很快,库存已经不//多了。他想这么便宜的西红柿,老板肯定会要进一些的,所以他不仅带回了一个西红柿做样品,而且把那个农民也带来了,他现在正在外面等回话呢。

此时老板转向了布鲁诺,说:"现在您肯定知道为什么阿诺德的薪水比您高了吧!"

语音提示:

(1)薪水 xīnshuǐ　(2)那儿 nàr　(3)牢骚 láosāo　(4)差别 chābié

作品3号　丑石

我常常遗憾我家门前那块丑石:它黑黝黝(1)地卧在那里,牛似的模样(2);谁也不知道是什么时候留在这里的,谁也不去理会它。只是麦收时节,门前摊了麦子,奶奶总是说:这块丑石,多占地面呀,抽空把它搬走吧。

它不像汉白玉那样的细腻,可以刻字雕花,也不像大青石那样的光滑,可以供来浣纱(3)捶布。它静静地卧在那里,院边的槐荫没有庇覆(4)它,花儿也不再在它身边生长。荒草便繁衍(5)出来,枝蔓(6)上下,慢慢地,它竟锈上了绿苔、黑斑。我们这些做孩子的,也讨厌起它来,曾合伙要搬走它,但力气又不足;虽时时咒骂它,嫌弃它,也无可奈何,只好任它留在那里了。

终有一日,村子里来了一个天文学家。他在我家门前路过,突然发现了这块石头,眼光立即就拉直了。他再没有离开,就住了下来;以后又来了好些人,都说这是一块陨石(7),从天上落下来已经有二三百年了,是一件了不起的东西。不久便来了车,小心翼翼地将它运走了。

这使我们都很惊奇,这又怪又丑的石头,原来是天上的啊(8)!它补过天,在天上发过热、闪过光,我们的先祖或许仰望过它,它给了他们光明、向往、憧憬(9);而它落下来了,在污土里,荒草里,一躺就//是几百年了!

我感到自己的无知,也感到了丑石的伟大,我甚至怨恨它这么多年竟会默默地忍受着这一切!而我又立即深深地感到它那种不屈于误解、寂寞的生存的伟大。

语音提示:

(1)黑黝黝 hēiyǒuyǒu　(2)模样 múyàng　(3)浣纱 huànshā　(4)庇覆 bìfù

(5)繁衍 fányǎn　(6)枝蔓 zhīmàn　(7)陨石 yǔnshí　(8)啊 ya

(9)憧憬 chōngjǐng

作品4号　达瑞的故事

在达瑞八岁的时候,有一天他想去看电影。因为没有钱,他想是向爸妈要钱,还是自己挣钱。最后他选择了后者。他自己调制[1]了一种汽水,向过路的行人出售。可那时正是寒冷的冬天,没有人买,只有两个人例外——他的爸爸和妈妈。

他偶然有一个和非常成功的商人谈话的机会。当他对商人讲述了自己的"破产史"后,商人给了他两个重要的建议:一是尝试为别人解决一个难题;二是把精力集中在你知道的、你会的和你拥有的东西上。

这两个建议很关键。因为对于一个八岁的孩子而言,他不会做的事情很多。于是他穿过大街小巷,不停地思考:人们会有什么难题,他又如何利用这个机会?

一天,吃早饭时父亲让达瑞去取报纸。美国的送报员总是把报纸从花园篱笆[2]的一个特制的管子里塞进来。假如你想穿着睡衣舒舒服服地吃早饭和看报纸,就必须离开温暖的房间,冒着寒风,到花园去取。虽然路短,但十分麻烦[3]。

当达瑞为父亲取报纸的时候,一个主意[4]诞生了。当天他就按响邻居的门铃,对他们说,每个月只需付给他一美元,他就每天早上把报纸塞到他们的房门底下。大多数人都同意了,很快他有//了七十多个顾客。一个月后,当他拿到自己赚的钱时,觉得自己简直是飞上了天。

很快他又有了新的机会,他让他的顾客每天把垃圾袋放在门前,然后由他早上运到垃圾桶里,每个月加一美元。之后他还想出了许多孩子赚钱的办法,并把它集结成书,书名为《儿童挣钱的二百五十个主意》。为此,达瑞十二岁时就成了畅销书作家,十五岁有了自己的谈话节目,十七岁就拥有了几百万美元。

语音提示:

(1)调制 tiáozhì　(2)篱笆 líba　(3)麻烦 máfan　(4)主意 zhǔyi

作品5号　第一场雪

这是入冬以来,胶东半岛上第一场雪。

雪纷纷扬扬,下得很大。开始还伴着一阵儿[1]小雨,不久就只见大片大片的雪花,从彤[2]云密布的天空中飘落下来。地面上一会儿[3]就白了。冬天的山村,到了夜里就万籁俱寂[4]，只听得雪花簌簌[5]地不断往下落,树木的枯枝被雪压断了,偶尔咯吱[6]一声响。

大雪整整下了一夜。今天早晨,天放晴了,太阳出来了。推开门一看,嗬！好大的雪啊[7]！山川、河流、树木、房屋,全都罩上了一层厚厚的雪,万里江山,变成了粉妆玉砌[8]的世界。落光了叶子的柳树上挂满了毛茸茸[9]亮晶晶的银条儿；而那些冬夏常青的松树和柏树[10]上,则挂满了蓬松松沉甸甸[11]的雪球儿[12]。一阵风吹来,树枝轻轻地摇晃,美丽的银条儿和雪球儿簌簌地落下来,玉屑[13]似的[14]雪末儿[15]随风飘扬,映着清晨的阳光,显出一道道五光十色的彩虹。

大街上的积雪足有一尺多深,人踩上去,脚底下[16]发出咯吱咯吱的响声。一群群孩子在雪地里堆雪人,掷[17]雪球儿,那欢乐的叫喊声,把树枝上的雪都震落下来了。

俗话说,"瑞雪兆丰年"。这个话有充分的科学根据,并不是一句迷信的成语。寒冬大雪,可以冻死一部分越冬的害虫；融化了的水渗[18]进土层深处,又能供应[19]//庄稼[20]生长的需要。我相信这一场十分及时的大雪,一定会促进明年春季作物,尤其是小麦的丰收。有经验的老农把雪比做是"麦子的棉被"。冬天"棉被"盖得越厚,明春麦子就长得越好,所以又有这样一句谚语[21]："冬天麦盖三层被,来年枕着馒头睡。"

我想,这就是人们为什么把及时的大雪称为"瑞雪"的道理吧。

语音提示：

(1)一阵儿 yīzhènr　(2)彤 tóng　(3)一会儿 yīhuìr　(4)万籁俱寂 wànlàijùjì

(5)簌簌 sùsù　(6)咯吱 gēzhī　(7)啊 ya　(8)粉妆玉砌 fěnzhuāng–yùqì

(9)毛茸茸 máoróngróng　(10)柏树 bǎishù　(11)沉甸甸 chéndiāndiān

(12)雪球儿 xuěqiúr　(13)玉屑 yùxiè　(14)似的 shìde　(15)雪末儿 xuěmòr

(16)底下 dǐxia　(17)掷 zhì　(18)渗 shèn　(19)供应 gōngyìng

(20)庄稼 zhuāngjia　(21)谚语 yànyǔ

作品 6 号　读书人是幸福人

我常想读书人是世间幸福人,因为他除了拥有现实的世界之外,还拥有另一个更为浩瀚[1]也更为丰富的世界。现实的世界是人人都有的,而后一个世界却为[2]读书人所独有。由此我想,那些失去或不能阅读的人是多么的不幸,他们的丧失是不可补偿的。世间有诸多[3]的不平等,财富的不平等,权力的不平等,而阅读能力的拥有或丧失却体现为精神的不平等。

一个人的一生,只能经历自己拥有的那一份欣悦,那一份苦难,也许再加上他亲自闻知的那一些关于自身以外的经历和经验。然而,人们通过阅读,却能进入不同时空的诸多他人的世界。这样,具有阅读能力的人,无形间获得了超越有限生命的无限可能性。阅读不仅使他多识了草木虫鱼之名,而且可以上溯[4]远古下及未来,饱览存在的与非存在的奇风异俗。

更为重要的是,读书加惠于人们的不仅是知识的增广,而且还在于精神的感化与陶冶。人们从读书学做人,从那些往哲先贤以及当代才俊的著述中学得他们的人格。人们从《论语》中学得智慧的思考,从《史记》中学得严肃的历史精神,从《正气歌》中学得人格的刚烈,从马克思学得人世//的激情,从鲁迅学得批判精神,从托尔斯泰学得道德的执着。歌德的诗句刻写着睿智[5]的人生,拜伦的诗句呼唤着奋斗的热情。一个读书人,一个有机会拥有超乎个人生命体验的幸运人。

语音提示:

(1)浩瀚 hàohàn　(2)为 wéi　(3)诸多 zhūduō　(4)上溯 shàngsù

(5)睿智 ruìzhì

作品7号　二十美金的价值

一天,爸爸下班回到家已经很晚了,他很累也有点儿[1]烦,他发现五岁的儿子靠在门旁正等着他。

"爸,我可以问您一个问题吗?"

"什么问题?""爸,您一小时可以赚多少钱?""这与你无关,你为什么问这个问题?"父亲生气地说。

"我只是想知道,请告诉我,您一小时赚多少钱?"小孩儿哀求道。"假如你一定要知道的话,我一小时赚二十美金。"

"哦,"小孩儿低下了头,接着又说,"爸,可以借我十美金吗?"父亲发怒了:"如果你只是要借钱去买毫无意义的玩具的话,给我回到你的房间睡觉去。好好想想为什么你会那么自私。我每天辛苦工作,没时间和你玩儿[2]小孩子的游戏。"

小孩儿默默地回到自己的房间关上门。

父亲坐下来还在生气。后来,他平静下来了。心想他可能对孩子太凶了——或许孩子真的很想买什么东西,再说他平时很少要过钱。

父亲走进孩子的房间:"你睡了吗?""爸,还没有,我还醒着。"孩子回答。

"我刚才可能对你太凶了,"父亲说,"我不应该发那么大的火儿——这是你要的十美金。""爸,谢谢您。"孩子高兴地从枕头下拿出一些被弄皱[3]的钞票,慢慢地数着。

"为什么你已经有钱了还要?"父亲不解地问。

"因为原来不够,但现在凑够了。"孩子回答:"爸我现在有//二十美金了,我可以向您买一个小时的时间吗?明天请早一点儿回家——我想和您一起吃晚餐。"

语音提示:

(1)有点儿 yǒudiǎnr　(2)玩儿 wánr　(3)弄皱 nòngzhòu

作品 8 号　繁星

我爱月夜,但我也爱星天。从前在家乡七八月的夜晚在庭院里纳凉[1]的时候,我最爱看天上密密麻麻的繁星。望着星天,我就会忘记一切,仿佛回到了母亲的怀里似的。

三年前在南京我住的地方有一道后门,每晚我打开后门,便看见一个静寂[2]的夜。下面是一片菜园,上面是星群密布的蓝天。星光在我们的肉眼里虽然微小,然而它使我们觉得光明无处不在。那时候我正在读一些天文学的书,也认得一些星星,好像它们就是我的朋友,它们常常在和我谈话一样。

如今在海上,每晚和繁星相对,我把它们认得很熟了。我躺在舱面上,仰望天空。深蓝色的天空里悬着无数半明半昧[3]的星。船在动,星也在动,它们是这样低,真是摇摇欲坠呢!渐渐地我的眼睛模糊[4]了,我好像看见无数萤火虫在我的周围飞舞。海上的夜是柔和的,是静寂的,是梦幻的。我望着许多认识的星,我仿佛看见它们在对我眨眼,我仿佛[5]听见它们在小声说话。这时我忘记了一切。在星的怀抱中我微笑着,我沉睡着。我觉得自己是一个小孩子,现在睡在母亲的怀里了。

有一夜,那个在哥伦波[6]上船的英国人指给我看天上的巨人。他用手指着://那四颗明亮的星是头,下面的几颗是身子,这几颗是手,那几颗是腿和脚,还有三颗星算是腰带。经他这一番指点,我果然看清楚了那个天上的巨人。看,那个巨人还在跑呢!

语音提示:

(1) 纳凉 nàliáng　　(2) 静寂 jìngjì　　(3) 半明半昧 bànmíngbànmèi　　(4) 模糊 móhu

(5) 仿佛 fǎngfú　　(6) 哥伦波 gēlúnbō

作品 9 号　风筝畅想曲

假日到河滩上转转,看见许多孩子在放风筝[1]。一根根长长的引线,一头系[2]在天上,一头系在地上,孩子同风筝都在天与地之间悠荡,连心也被悠荡得恍恍惚惚了,好像又回到了童年。

儿时放的风筝,大多是自己的长辈或家人编扎[3]的,几根削[4]得很薄[5]的篾[6],用细纱线扎成各种鸟兽的造型,糊上雪白的纸片,再用彩笔勾勒[7]出面孔与翅膀的图案。通常扎得最多的是"老雕""美人儿""八拐""花蝴蝶"等。

我们家前院就有位叔叔,擅扎风筝,远近闻名。他扎得风筝不只体型好看,色彩艳丽,放飞得高远,还在风筝上绷一叶用蒲苇[8]削成的膜片,经风一吹,发出"嗡嗡"的声响,仿佛是风筝的歌唱,在蓝天下播扬,给开阔的天地增添了无尽的韵味,给驰荡的童心带来几分疯狂。

我们那条胡同的左邻右舍的孩子们放的风筝几乎都是叔叔编扎的。他的风筝不卖钱,谁上门去要,就给谁,他乐意自己贴钱买材料。

后来,这位叔叔去了海外,放风筝也渐与孩子们远离了。不过年年叔叔给家乡写信,总不忘提起儿时的放风筝。香港回归之后,他在家信中说到,他这只被故乡放飞到海外的风筝,尽管飘荡游弋⁽⁹⁾,经沐风雨,可那线头儿一直在故乡和//亲人手中牵着,如今飘得太累了,也该要回归到家乡和亲人身边来了。

是的。我想,不光是叔叔,我们每个人都是风筝,在妈妈手中牵着,从小放到大,再从家乡放到祖国最需要的地方去啊!

语音提示:

（1）风筝 fēngzheng　（2）系 jì　（3）编扎 biānzā　（4）削 xiāo　（5）薄 báo
（6）篾 miè　（7）勾勒 gōulè　（8）蒲苇 púwěi　（9）游弋 yóuyì

作品10号　父亲的爱

爸不懂得怎样表达爱,使我们一家人融洽相处⁽¹⁾的是我妈。他只是每天上班下班,而妈则把我们做过的错事开列清单,然后由他来责骂我们。

有一次我偷了一块糖果,他要我把它送回去,告诉卖糖的说是我偷来的,说我愿意替他拆箱卸货⁽²⁾作为赔偿。但妈妈却明白我只是个孩子。

我在运动场打秋千跌断了腿,在前往医院的途中一直抱着我的,是我妈。爸把汽车停在急诊室⁽³⁾门口,他们叫他驶开,说那空位是留给紧急车辆停放的。爸听了便叫嚷道:"你以为这是什么车？旅游车？"

在我生日会上,爸总是显得有些不大相称⁽⁴⁾。他只是忙于吹气球,布置餐桌,做杂务。把插着蜡烛的蛋糕推过来让我吹的,是我妈。

我翻阅照相册时,人们总是问:"你爸爸是什么样子的？"天晓得！他老是忙着替别人拍照。妈和我笑容可掬⁽⁵⁾地一起拍的照片⁽⁶⁾,多得不可胜数⁽⁷⁾。

我记得妈有一次叫他教我骑自行车。我叫他别放手,但他却说是应该放手的时候了。我摔倒之后,妈跑过来扶我,爸却挥手要她走开。我当时生气极了,决心要给他点颜色看。于是我马上爬上自行车,而且自己骑给他看。他只是微笑。

我念大学时,所有的家信都是妈写的。他//除了寄支票外,还寄过一封短柬⁽⁸⁾给我,说因为我没有在草坪上踢足球了,所以他的草坪长得很美。

每次我打电话回家,他似乎都想跟我说话,但结果总是说:"我叫你妈来接。"

我结婚时,掉眼泪的是我妈。他只是大声擤⁽⁹⁾了一下鼻子,便走出房间。

我从小到大都听他说:"你到哪里去？什么时候回家？汽车有没有汽油？不,不准去。"爸完全不知道怎样表达爱。除非……

会不会是他已经表达了而我却未能察觉？

语音提示:

（1）相处 xiāngchǔ　（2）卸货 xièhuò　（3）急诊室 jízhěnshì　（4）相称 xiāngchèn
（5）笑容可掬 xiàoróng-kějū　（6）照片 zhàopiàn　（7）不可胜数 bùkě-shèngshǔ

(8)短柬 duǎnjiǎn　(9)擤 xǐng

作品 11 号　国家荣誉感

一个大问题一直盘踞[1]在我脑袋里：

世界杯怎么会有如此巨大的吸引力？除去足球本身的魅力[2]之外，还有什么超乎其上而更伟大的东西？

近来观看世界杯，忽然从中得到了答案：是由于一种无上崇高的精神情感——国家荣誉感！

地球上的人都会有国家的概念，但未必时时都有国家的感情。往往人到异国，思念家乡，心怀故国，这国家概念就变得有血有肉[3]，爱国之情来得非常具体。而现代社会，科技昌达，信息快捷，事事上网，世界真是太小太小，国家的界限似乎[4]也不那么清晰了。再说足球正在快速世界化，平日里各国球员频繁转会，往来随意，致使越来越多的国家联赛都具有国际的因素。球员们不论国籍，只效力于自己的俱乐部，他们比赛时的激情中完全没有爱国主义的因子。

然而，到了世界杯大赛，天下大变。各国球员都回国效力，穿上与光荣的国旗同样色彩的服装。在每一场比赛前，还高唱国歌以宣誓对自己祖国的挚爱[5]与忠诚。一种血缘情感开始在全身的血管里燃烧起来，而且立刻热血沸腾。

在历史时代，国家间经常发生对抗，好男儿戎装[6]卫国。国家的荣誉往往需要以自己的生命去换//取。但在和平时代，唯有这种国家之间大规模对抗性的大赛，才可以唤起那种遥远而神圣的情感，那就是：为祖国而战！

语音提示：

(1)盘踞 pánjù　(2)魅力 mèilì　(3)有血有肉 yǒuxuè–yǒuròu

(4)似乎 sìhū　(5)挚爱 zhìài　(6)戎装 róngzhuāng

作品 12 号　海滨仲夏夜

夕阳落山不久，西方的天空，还燃烧着一片橘红色的晚霞。大海，也被这霞光染成了红色，而且比天空的景色更要壮观。因为它是活动的，每当一排排波浪涌起[1]的时候，那映照在浪峰上的霞光，又红又亮，简直就像一片片霍霍[2]燃烧着的火焰，闪烁着，消失了。而后面的一排，又闪烁着，滚动着，涌了过来。

天空的霞光渐渐地淡下去了，深红的颜色变成了绯红[3]，绯红又变为浅红。最后，当这一切红光都消失了的时候，那突然显得高而远了的天空，则呈现出一片肃穆的神色。最早出现的启明星，在这蓝色的天幕上闪烁起来了。它是那么大，那么亮，整个广漠的天幕上只有它在那里放射着令人注目的光辉，活像一盏悬挂在高空的明灯。

夜色加浓，苍空中的"明灯"越来越多了。而城市各处的真的灯火也次第亮了起来，尤其是围绕⁽⁴⁾在海港周围山坡上的那一片灯光,从半空倒映在乌蓝的海面上,随着波浪,晃动着,闪烁着,像一串流动着的珍珠,和那一片片密布在苍穹⁽⁵⁾里的星斗互相辉映,煞⁽⁶⁾是好看。

在这幽美的夜色中,我踏着软绵绵的沙滩,沿着海边,慢慢地向前走去。海水,轻轻地抚摸着细软的沙滩,发出温柔的//唰唰声。晚来的海风,清新而又凉爽。我的心里,有着说不出的兴奋⁽⁷⁾和愉快。

夜风轻飘飘地吹拂⁽⁸⁾着,空气中飘荡着一种大海和田禾相混合⁽⁹⁾的香味儿,柔软的沙滩上还残留着白天太阳炙晒⁽¹⁰⁾的余温。那些在各个工作岗位上劳动了一天的人们,三三两两地来到这软绵绵的沙滩上,他们浴着凉爽的海风,望着那缀满了星星的夜空,尽情地说笑,尽情地休憩⁽¹¹⁾。

语音提示:

(1)涌起 yǒngqǐ　(2)霍霍 huòhuò　(3)绯红 fēihóng　(4)围绕 wéirào

(5)苍穹 cāngqióng　(6)煞 shà　(7)兴奋 xīngfèn　(8)吹拂 chuīfú

(9)混合 hùnhé　(10)炙晒 zhìshài　(11)休憩 xiūqì

作品13号　海洋与生命

生命在海洋里诞生⁽¹⁾绝不是偶然的,海洋的物理和化学性质,使它成为孕育⁽²⁾原始生命的摇篮。

我们知道,水是生物的重要组成部分,许多动物组织的含水量在百分之八十以上,而一些海洋生物的含水量高达百分之九十五。水是新陈代谢的重要媒介,没有它,体内的一系列生理和生物化学反应就无法进行,生命也就停止。因此,在短时期内动物缺水要比缺少食物更加危险。水对今天的生命是如此重要,它对脆弱的原始生命,更是举足轻重了。生命在海洋里诞生,就不会有缺水之忧。

水是一种良好的溶剂。海洋中含有许多生命所必需的无机盐,如氯化钠⁽³⁾、氯化钾、碳酸盐、磷酸盐,还有溶解氧,原始生命可以毫不费力地从中吸取它所需要的元素。

水具有很高的热容量,加之海洋浩大,任凭夏季烈日曝晒⁽⁴⁾,冬季寒风扫荡,它的温度变化却比较小。因此,巨大的海洋就像是天然的"温箱",是孕育原始生命的温床。

阳光虽然为生命所必需,但是阳光中的紫外线却有扼杀⁽⁵⁾原始生命的危险。水能有效地吸收紫外线,因而又为原始生命提供⁽⁶⁾了天然的"屏障"⁽⁷⁾。

这一切都是原始生命得以产生和发展的必要条件。//

语音提示:

(1)诞生 dànshēng　(2)孕育 yùnyù　(3)氯化钠 lǜhuànà　(4)曝晒 pùshài

(5)扼杀 èshā　(6)提供 tígōng　(7)屏障 píngzhàng

作品14号　和时间赛跑

读小学的时候[1]，我的外祖母过世了。外祖母生前最疼爱我，我无法排除自己的忧伤，每天在学校的操场上一圈[2]又一圈地跑着，跑得累倒在地上，扑在草坪上痛哭。

那哀痛的日子，断断续续地持续了很久，爸爸妈妈也不知道如何安慰我。他们知道与其[3]骗我说外祖母睡着了[4]，还不如对我说实话：外祖母永远不会回来了。

"什么是永远不会回来？"我问着。

"所有时间里的事物，都永远不会回来了。你的昨天过去，它就永远变成昨天，你不能再回到昨天。爸爸以前也和你一样小，现在也不能回到你这么小的童年了；有一天你会长大，你会像外祖母一样老；有一天你度过了你的时间，就永远不会回来了。"爸爸说。

爸爸等于给我一个谜语，这谜语比课本上的"日历挂在墙壁，一天撕去一页，使我心里着急[5]"和"一寸光阴一寸金，寸金难买寸光阴"还让我感到可怕；也比作文本上的"光阴似箭[6]，日月如梭"更让我觉得有一种说不出的滋味。

时间过得那么飞快，使我的小心眼里[7]不只是着急，而是悲伤。有一天我放学回家，看到太阳快落山了，就下决心说："我要比太阳更快地回家。"我狂奔回去，站在庭院前喘气的时候，看到太阳//还露着半边脸，我高兴地跳跃[8]起来，那一天我跑赢了太阳。以后我就时常做那样的游戏，有时和太阳赛跑，有时和西北风比快，有时一个暑假才能做完的作业，我十天就做完了；那时我三年级，常常把哥哥五年级的作业拿来做。每一次比赛胜过时间，我就快乐得不知道怎么形容。

如果将来我有什么要教给我的孩子，我会告诉[9]他：假若你一直和时间比赛，你就可以成功！

语音提示：

(1)时候 shíhou　(2)圈 quānr　(3)与其 yǔqí　(4)睡着了 shuìzháole

(5)着急 zháojí　(6)似箭 sìjiàn　(7)心眼里 xīnyǎnrli　(8)跳跃 tiàoyuè

(9)告诉 gàosu

作品15号　胡适的白话电报

三十年代初，胡适在北京大学任教授。讲课时他常常对白话文大加称赞，引起一些只喜欢文言文而不喜欢[1]白话文的学生的不满。

一次，胡适正讲得得意的时候，一位姓魏的学生突然站了起来，生气地问："胡先生，难道说白话文就毫无缺点吗？"胡适微笑着回答说："没有。"那位学生更加激动了："肯定有！白话文废话太多，打电报用字多，花钱多。"胡适的目光顿时变亮了。轻声地解释说："不一定吧！前几天有位朋友给我打来电报，请我去政府部门工作，我决定不去，就回电拒绝了。复电是用白话写的，看来也很省字。请同学们根据我这个意思，用文言文写一个回电,看看究竟是白话文省字,还是文言文省字?"胡教授刚说完,同学们立刻认真地写了起来。

十五分钟过去,胡适让同学举手,报告用字的数目,然后挑了一份用字最少的文言电报稿,电文是这样写的:

"才疏学浅(2),恐难胜任,不堪(3)从命。"白话文的意思是:学问不深,恐怕很难担任这个工作,不能服从安排。

胡适说,这份写得确实不错,仅用了十二个字。但我的白话电报却只用了五个字:"干不了,谢谢!"

胡适又解释说:"干不了"就有才疏学浅、恐难胜任的意思;"谢谢"既//对朋友的介绍表示感谢,又有拒绝的意思。所以,废话多不多,并不看它是文言文还是白话文,只要注意选用字词,白话文是可以比文言文更省字的。

语音提示:

(1)不喜欢 bùxǐhuān　(2)才疏学浅 cáishū–xuéqiǎn　(3)不堪 bùkān

作品 16 号　火光

很久以前,在一个漆黑(1)的秋天的夜晚,我泛舟在西伯利亚一条阴森森的河上。船到一个转弯处,只见前面黑黢黢(2)的山峰下面一星火光蓦地(3)一闪。

火光又明又亮,好像就在跟前……

"好啦,谢天谢地!"我高兴地说,"马上就到过夜的地方啦!"

船夫扭头朝身后的火光望了一眼,又不以为然地划起桨(4)来。

"远着呢!"

我不相信他的话,因为火光冲破朦胧的夜色,明明在那儿闪烁,不过船夫是对的,事实上,火光的确还远着呢!

这些黑夜的火光的特点是:驱散黑暗,闪闪发亮,近在眼前,令人神往。乍(5)一看,再划几下就到了……其实却还远着呢!……

我们在漆黑如墨的河上又划了很久。一个个峡谷和悬崖,迎面驶来,又向后移去,仿佛消失在茫茫的远方,而火光却依然停在前头,闪闪发亮,令人神往——依然是这么近,又依然是那么远……

现在,无论是这条被悬崖峭壁的阴影笼罩的漆黑的河流,还是那一星明亮的火光,都经常浮现在我的脑际,在这以前和在这以后,曾有许多火光,似乎近在咫尺(6),不止使我一人心驰神往。可是生活之河却仍然在那阴森森的两岸之间流着,而火光也依旧非常遥远。因此,必须加劲划桨……

然而,火光啊……毕竟……毕竟就//在前头!……

语音提示：

(1)漆黑 qīhēi　(2)黑黢黢 hēiqūqū　(3)蓦地 mòdì　(4)桨 jiǎng

(5)乍 zhà　(6)咫尺 zhǐchǐ

作品17号　济南的冬天

对于一个在北平住惯的人,像我,冬天要是不刮风,便觉得是奇迹;济南⁽¹⁾的冬天是没有风声的。对于一个刚由伦敦回来的人,像我,冬天要能看得见日光,便觉得是怪事;济南的冬天是响晴的。自然,在热带的地方⁽²⁾,日光是永远那么毒,响亮的天气,反有点儿⁽³⁾叫人害怕。可是,在北中国的冬天,而能有温晴的天气,济南真得⁽⁴⁾算个宝地。

设若单单是有阳光,那也算不了出奇。请闭上眼睛想:一个老城,有山有水,全在天底下晒着阳光,暖和⁽⁵⁾安适地睡着,只等春风来把它们唤醒,这是不是理想的境界？小山整把济南围了个圈儿⁽⁶⁾,只有北边缺着点口儿⁽⁷⁾。这一圈小山在冬天特别可爱,好像是把济南放在一个小摇篮里,它们安静不动地低声地说:"你们放心吧,这儿准保暖和。"真的,济南的人们在冬天是面上含笑的。他们一看那些小山,心中便觉得有了着落⁽⁸⁾,有了依靠。他们由天上看到山上,便不知不觉地想起:明天也许就是春天了吧？这样的温暖,今天夜里山草也许就绿起来了吧？就是这点幻想不能一时实现,他们也并不着急⁽⁹⁾,因为这样慈善的冬天,干什么还希望别的呢！

最妙的是下点小雪呀。看吧,山上的矮松越发的青黑,树尖儿上//顶着一髻儿⁽¹⁰⁾白花,好像日本看护⁽¹¹⁾妇。山尖儿⁽¹²⁾全白了,给蓝天镶上一道银边⁽¹³⁾。山坡上,有的地方雪厚点,有的地方草色还露着⁽¹⁴⁾;这样,一道儿⁽¹⁵⁾白,一道儿暗黄,给山们穿上一件带水纹的花衣;看着看着,这件花衣好像被风儿⁽¹⁶⁾吹动,叫你希望看见一点更美的山的肌肤。等到快日落的时候,微黄的阳光斜射在山腰上,那点儿薄雪⁽¹⁷⁾好像忽然害羞,微微露出点粉色。就是下小雪吧,济南是受不住大雪的,那些小山太秀气⁽¹⁸⁾。

语音提示：

(1)济南 Jǐnán　(2)地方 dìfang　(3)点 diǎnr　(4)真得 zhēnděi

(5)暖和 nuǎnhuo　(6)圈儿 quānr　(7)口儿 kǒur　(8)着落 zhuóluò

(9)着急 zháojí　(10)髻儿 jìr　(11)看护 kānhù　(12)山尖 shānjiānr

(13)边 biānr　(14)露着 lòuzhe　(15)一道儿 yīdàor　(16)风儿 fēng'ér

(17)薄雪 báoxuě　(18)秀气 xiùqi

作品18号　家乡的桥

纯朴的家乡村边有一条河,曲曲弯弯,河中架一弯石桥,弓样的小桥横跨两岸。

每天,不管是鸡鸣晓月,日丽中天,还是月华泻地,小桥都印下串串足迹;洒落串串汗珠。那是乡亲为了追求多棱⁽¹⁾的希望,兑现⁽²⁾美好的遐想⁽³⁾。弯弯小桥,不时荡过轻吟⁽⁴⁾低唱,不时露出⁽⁵⁾舒心的笑容。

因而,我稚小的心灵,曾将心声献给小桥:你是一弯银色的新月,给人间普光辉;你是一把闪亮的镰刀,割刈⁽⁶⁾着欢笑的花果;你是一根晃悠悠的扁担,挑起⁽⁷⁾了彩色的明天!哦,小桥走进我的梦中。

我在漂泊⁽⁸⁾他乡的岁月,心中总涌动着故乡的河水,梦中总看到弓样的小桥。当我访南疆探北国,眼帘闯进座座雄伟的长桥时,我的梦变得丰满了,增添了赤橙黄绿青蓝紫。

三十多年过去,我带着满头霜花回到故乡,第一紧要的便是去看望小桥。

啊!小桥呢?它躲起来了?河中一道长虹,浴着朝霞熠熠⁽⁹⁾闪光。哦,雄浑的大桥敞开胸怀,汽车的呼啸、摩托的笛音、自行车的丁零,合奏着进行交响乐;南来的钢筋、花布,北往的柑橙、家禽,绘出交流欢悦图……

啊!蜕变⁽¹⁰⁾的桥,传递了家乡进步的消息,透露了家乡富裕的声音。时代的春风,美好的追求,我蓦地⁽¹¹⁾记起儿时唱//给小桥的歌,哦,明艳艳的太阳照耀了,芳香甜蜜的花果捧来了,五彩斑斓的岁月拉开了!

我心中涌动⁽¹²⁾的河水,激荡起甜美的浪花。我仰望一碧蓝天,心底轻声呼喊:家乡的桥啊⁽¹³⁾,我梦中的桥!

语音提示:

(1)多棱 duōléng　(2)兑现 duìxiàn　(3)遐想 xiáxiǎng　(4)轻吟 qīngyín
(5)露出 lùchū　(6)割刈 gēyì　(7)挑起 tiāoqǐ　(8)漂泊 piāobó　(9)熠熠 yìyì
(10)蜕变 tuìbiàn　(11)蓦地 mòdì　(12)涌动 yǒngdòng　(13)啊 wa

作品19号　坚守你的高贵

三百多年前,建筑设计师莱伊恩⁽¹⁾受命设计了英国温泽市政府大厅。他运用工程力学的知识,依据自己多年的实践,巧妙地设计了只用一根柱子支撑的大厅天花板。一年以后,市政府权威人士进行工程验收时,却说只用一根柱子支撑⁽²⁾天花板太危险,要求莱伊恩再多加几根柱子。

莱伊恩自信只要一根坚固的柱子足以保证大厅安全,他的"固执"⁽³⁾惹恼了市政官员,险些被送上法庭。他非常苦恼,坚持自己原先的主张吧,市政官员肯定会另找人修改设计;不坚持吧,又有悖⁽⁴⁾自己为人的准则。矛盾了很长一段时间,莱伊恩终于想出了一条妙计,他在大厅里增加了四根柱子,不过这些柱子并未与天花板接触,只不过是装装样子。

三百多年过去了,这个秘密始终没有被人发现。直到前两年,市政府准备修缮⁽⁵⁾大厅的天花板,才发现莱伊恩当年的"弄虚作假"。消息传出后,世界各国的建筑专家和游客云集,当地政府对此也不加掩饰,在新世纪到来之际,特意将大厅作为一个旅游景点对外开放,旨在引导人们崇尚⁽⁶⁾和相信科学。

　　作为一名建筑师,莱伊恩并不是最出色的。但作为一个人,他无疑非常伟大,这种//伟大表现在他始终恪守⁽⁷⁾着自己的原则,给高贵的心灵一个美丽的住所:哪怕是遭遇到最大的阻力,也要想办法抵达胜利。

语音提示:

(1)莱伊恩 Láiyī'ēn　(2)支撑 zhīchēng　(3)固执 gùzhí　(4)有悖 yǒubèi

(5)修缮 xiūshàn　(6)崇尚 chóngshàng　(7)恪守 kèshǒu

作品20号　金子

　　自从传言有人在萨文河畔⁽¹⁾散步时无意发现了金子后,这里便常有来自四面八方的淘金者。他们都想成为富翁,于是寻遍了整个河床,还在河床上挖出很多大坑,希望借助它们找到更多的金子。的确,有一些人找到了,但另外一些人因为一无所得而只好扫兴归去。

　　也有不甘心落空的,便驻扎⁽²⁾在这里,继续寻找。彼得·弗雷特⁽³⁾就是其中一员。他在河床附近买了一块没人要的土地,一个人默默地工作。他为了找金子,已把所有的钱都押在这块土地上。他埋头苦干了几个月,直到土地全变成了坑坑洼洼,他失望了——他翻遍了整块土地,但连一丁点儿⁽⁴⁾金子都没看见。

　　六个月后,他连买面包的钱都没有了。于是他准备离开这儿⁽⁵⁾到别处去谋生。

　　就在他即将离去的前一个晚上,天下起了倾盆⁽⁶⁾大雨,并且一下就是三天三夜。雨终于停了,彼得走出小木屋,发现眼前的土地看上去好像和以前不一样:坑坑洼洼已被大水冲刷平整,松软的土地上长出一层绿茸茸⁽⁷⁾的小草。

　　"这里没找到金子,"彼得忽有所悟地说,"但这土地很肥沃,我可以用来种花,并且拿到镇上去卖给那些富人,他们一定会买些花装扮他们华丽的客厅。//如果真是这样的话,那么我一定会赚许多钱,有朝一日我也会成为富人……"

　　于是他留了下来。彼得花了不少精力培育花苗,不久田地里长满了美丽娇艳的各色鲜花。

　　五年以后,彼得终于实现了他的梦想——成了一个富翁。"我是唯一的一个找到真金的人!"他时常不无骄傲地告诉别人,"别人在这儿找不到金子后便远远地离开,而我的'金子'是在这块土地里,只有诚实的人用勤劳才能采集到。"

语音提示:

(1)河畔 hépàn　(2)驻扎 zhùzhā　(3)彼得·弗雷特 Bǐdé·fúléitè

(4)一丁点儿 yīdīngdiǎnr　(5)这儿 zhèr　(6)倾盆 qīngpén

(7)绿茸茸 lǜróngróng

作品 21 号　捐诚

我在加拿大学习期间遇到过两次募捐,那情景至今使我难以忘怀。

一天,我在渥太华(1)的街上被两个男孩子拦住去路,他们十来岁,穿得整整齐齐,每人头上戴着个做工精巧、色彩鲜艳的纸帽,上面写着"为帮助患小儿麻痹(2)的伙伴募捐"。其中的一个,不由分说就坐在小凳上给我擦起皮鞋来,另一个则彬彬有礼(3)地发问:"小姐,您是哪国人?喜欢渥太华吗?""小姐,在你们国家有没有小孩儿(4)患小儿麻痹?谁给他们医疗费?"一连串的问题,使我这个有生以来头一次在众目睽睽(5)之下让别人擦鞋的异乡人,从近乎狼狈的窘态(6)中解脱出来。我们像朋友一样聊起天(7)来……

几个月之后,也是在街上。一些十字路口处或车站坐着几位老人。他们满头银发,身穿各种老式军装,上面布满了大大小小形形色色的徽章、奖章,每人手捧一大束鲜花。有水仙、石竹、玫瑰(8)及叫不出名字的,一色雪白。匆匆过往的行人纷纷止步,把钱投进这些老人身旁的白色木箱内,然后向他们微微鞠躬,从他们手中接过一朵花。我看了一会儿(9),有人投一两元,有人投几百元,还有人掏出支票填好后投进木箱。那些老军人毫不注意人们捐多少钱,一直不//停地向人们低声道谢。同行的朋友告诉我,这是为纪念二次大战中参战的勇士,募捐救济残废军人和烈士遗孀(10),每年一次;认捐的人可谓踊跃(11),而且秩序井然,气氛庄严。有些地方,人们还耐心地排着队。我想,这是因为他们都知道:正是这些老人们的流血(12)牺牲换来了包括他们信仰自由在内的许许多多。

我两次把那微不足道的一点钱捧给他们,只想对他们说声"谢谢"。

语音提示:

(1)渥太华 Wòtàihuá　(2)麻痹 mábì　(3)彬彬有礼 bīnbīnyǒulǐ
(4)小孩儿 xiǎoháir　(5)睽睽 kuíkuí　(6)窘态 jiǒngtài　(7)天 tiānr
(8)玫瑰 méigui　(9)一会儿 yīhuìr　(10)遗孀 yíshuāng　(11)踊跃 yǒngyuè
(12)流血 liúxuè

作品 22 号　可爱的小鸟

没有一片绿叶,没有一缕炊烟(1),没有一粒泥土,没有一丝花香,只有水的世界,云的海洋。

一阵台风袭过(2),一只孤单的小鸟无家可归,落到被卷到洋里的木板上,乘流而下,姗姗(3)而来,近了,近了!……

忽然,小鸟张开翅膀,在人们头顶盘旋了几圈,"噗啦"(4)一声落到了船上。许是累了?还是发现了"新大陆"?水手捧(5)它它不走,抓它,它乖乖地落在掌心。可爱的小鸟和善良的水手结成了朋友。瞧,它多美丽,娇巧的小嘴,啄理(6)着绿色的羽毛,鸭子样的扁脚,呈现出春草的鹅黄。水手们把它带到舱里,给它"搭铺",让它在船上安家落户,每天,把分到的一塑料桶淡水匀(7)给它喝,把从祖国带来的鲜美的鱼肉分给它吃,天长日久,小鸟和水手的感情日趋笃厚[8]。清晨,当第一束[9]阳光射进舷窗[10]时,它便敞开美丽的歌喉,唱啊[11]唱,嘤嘤[12]有韵,宛如春水淙淙[13]。人类给它以生命,它毫不悭吝[14]地把自己的艺术青春奉献给了哺育[15]它的人。可能都是这样?艺术家们的青春只会献给尊敬他们的人。

小鸟给远航生活蒙上了一层浪漫色调,返航时,人们爱不释手,恋恋不舍地想把它带到异乡。可小鸟憔悴[16]了,给水,不喝!喂肉,不吃!油亮的羽毛失去了光泽。是啊[17],我//们有自己的祖国,小鸟也有它的归宿,人和动物都是一样啊[18],哪儿[19]也不如故乡好!

慈爱的水手们决定放开它,让它回到大海的摇篮去,回到蓝色的故乡去。离别前,这个大自然的朋友与水手们留影纪念。它站在许多人的头上,肩上,掌上,胳膊[20]上,与喂养过它的人们,一起融进那蓝色的画面……

语音提示:

(1)炊烟 chuīyān　(2)袭过 xíguò　(3)姗姗 shānshān　(4)噗啦 pūlā

(5)撵 niǎn　(6)啄理 zhuólǐ　(7)匀 yún　(8)笃厚 dǔhòu　(9)束 shù

(10)舷窗 xiánchuāng　(11)啊 nga　(12)嘤嘤 yīngyīng　(13)淙淙 cóngcóng

(14)悭吝 qiānlìn　(15)哺育 bǔyù　(16)憔悴 qiáocuì　(17)啊 ra

(18)啊 nga　(19)哪儿 nǎr　(20)胳膊 gēbo

作品 23 号　课不能停

纽约的冬天常有大风雪,扑面的雪花不但令人难以睁开眼睛,甚至呼吸都会吸入冰冷的雪花。有时前一天晚上还是一片晴朗,第二天拉开窗帘,却已经积雪盈尺[1],连门都推不开了。

遇到这样的情况,公司、商店常会停止上班,学校也通过广播,宣布停课。但令人不解的是,惟有[2]公立小学,仍然开放。只见黄色的校车,艰难地在路边接孩子,老师则一大早就口中喷着热气,铲去车子前后的积雪,小心翼翼[3]地开车去学校。

据统计,十年来纽约的公立小学只因为超级暴风雪停过七次课。这是多么令人惊讶[4]的事。犯得着在大人都无须上班的时候让孩子去学校吗?小学的老师也太倒霉了吧?

于是,每逢大雪而小学不停课时,都有家长打电话去骂。妙的是,每个打电话的人,反应全一样——先是怒气冲冲地责问,然后满口道歉,最后笑容满面地挂上电话。原因是,学校告诉家长:

在纽约有许多百万富翁,但也有不少贫困的家庭。后者白天开不起暖气,供[5]不起午餐,孩子的营养全靠学校里免费的中饭,甚至可以多拿些回家当晚餐。学校停课一天,穷孩子就受一天冻,挨一天饿,所以老师们宁愿[6]自己苦一点儿,也不能停//课。

或许有家长会说:何不让富裕⁽⁷⁾的孩子在家里,让贫穷的孩子去学校享受暖气和营养午餐呢?

学校的答复是:我们不愿让那些穷苦的孩子感到他们是在接受救济,因为施舍的最高原则是保持受施者的尊严。

语音提示:

(1)盈尺 yíngchǐ　(2)惟有 wéiyǒu　(3)小心翼翼 xiǎoxīn－yìyì　(4)惊讶 jīngyà

(5)供 gōng　(6)宁愿 nìngyuàn　(7)富裕 fùyù

作品24号　莲花和樱花

十年,在历史上不过是一瞬间⁽¹⁾。只要稍加注意,人们就会发现:在这一瞬间里,各种事物都悄悄经历了自己的千变万化。

这次重新访日,我处处感到亲切和熟悉,也在许多方面发觉了日本的变化。就拿奈良⁽²⁾的一个角落来说吧,我重游了为之感受很深的唐招提寺⁽³⁾,在寺内各处匆匆走了一遍,庭院依旧,但意想不到还看到了一些新的东西。其中之一,就是近几年从中国移植来的"友谊⁽⁴⁾之莲"。

在存放鉴真⁽⁵⁾遗像的那个院子里,几株中国莲昂然挺立,翠绿的宽大荷叶正迎风而舞,显得十分愉快。开花的季节已过,荷花朵朵已变为莲蓬累累。莲子的颜色正在由青转紫,看来已经成熟了。

我禁不住⁽⁶⁾想:"因"已转化为"果"。

中国的莲花开在日本,日本的樱花开在中国,这不是偶然。我希望这样一种盛况延续不衰。可能有人不欣赏花,但决不会有人欣赏落在自己面前的炮弹。

在这些日子里,我看到了不少多年不见的老朋友,又结识了一些新朋友。大家喜欢涉及的话题之一,就是古长安和古奈良。那还用得着问吗,朋友们缅怀⁽⁷⁾过去,正是瞩望⁽⁸⁾未来。瞩目于未来的人们必将获得未来。

我不例外,也希望一个美好的未来。

为//了中日人民之间的友谊,我将不浪费今后生命的每一瞬间。

语音提示:

(1)一瞬间 yīshùnjiān　(2)奈良 Nàiliáng　(3)唐招提寺 Tángzhāotísì

(4)友谊 yǒuyì　(5)鉴真 Jiànzhēn　(6)禁不住 jīnbuzhù

(7)缅怀 miǎnhuái　(8)瞩望 zhǔwàng

作品25号　绿

梅雨潭闪闪的绿色招引着我们,我们开始追捉她那离合的神光了。揪⁽¹⁾着草,攀着乱石,小心探身下去,又鞠躬过了一个石穹门⁽²⁾,便到了汪汪一碧的潭边了。

瀑布在襟袖之间,但是我的心中已没有瀑布了。我的心随潭水的绿而摇荡。那醉人的绿呀!仿佛一张极大极大的荷叶铺着,满是奇异的绿呀。我想张开两臂抱住她,但这是怎样一个妄想啊(3)。

站在水边,望到那面,居然(4)觉着有些远呢!这平铺着、厚积着的绿,着实(5)可爱。她松松地皱缬(6)着,像少妇拖着的裙幅;她滑滑的明亮着,像涂了"明油"一般,有鸡蛋清那样软,那样嫩;她又不杂些尘滓(7),宛然一块温润的碧玉,只清清的一色——但你却看不透她!

我曾见过北京什刹海(8)拂地的绿杨,脱不了鹅黄的底子,似乎太淡了。我又曾见过杭州虎跑寺近旁高峻而深密的"绿壁",丛叠着无穷的碧草与绿叶的,那又似乎太浓了。其余呢,西湖的波太明了,秦淮河的也太暗了。可爱的,我将什么来比拟(9)你呢?我怎么比拟得出呢?大约潭是很深的,故能蕴蓄(10)着这样奇异的绿;仿佛蔚蓝的天融了一块在里面似的,这才这般的鲜润啊(11)。

那醉人的绿呀!我若能裁你以为带,我将赠给那轻盈的//舞女,她必能临风飘举了。我若能挹(12)你以为眼,我将赠给那善歌的盲妹,她必明眸善睐(13)了。我舍不得你,我怎舍得你呢?我用手拍着你,抚摩着你,如同一个十二三岁的小姑娘。我又掬你入口,便是吻着她了。我送你一个名字,我从此叫你"女儿绿",好吗?

第二次到仙岩的时候,我不禁(14)惊诧(15)于梅雨潭的绿了。

语音提示:

(1)揪 jiū　(2)石穹门 shíqióngmén　(3)啊 nga　(4)居然 jūrán

(5)着实 zhuóshí　(6)皱缬 zhòuxié　(7)尘滓 chénzǐ　(8)什刹海 Shíchàhǎi

(9)比拟 bǐnǐ　(10)蕴蓄 yùnxù　(11)啊 na　(12)挹 yì

(13)明眸善睐 míngmóu-shànlài　(14)不禁 bùjīn　(15)惊诧 jīngchà

作品26号　落花生

我们家的后园有半亩空地(1),母亲说:"让它荒着怪可惜的,你们爱吃花生,就开辟(2)出来种花生吧。"我们姐弟几个都很高兴,买种(3),翻地,播种(4),浇水,没过几个月,居然收获了。

母亲说:"今晚我们过一个收获节,请你们父亲也来尝尝我们的新花生,好不好?"我们都说好。母亲把花生做成了好几样食品,还吩咐(5)就在后园的茅亭里过这个节。

晚上天色不太好,可是父亲也来了,实在很难得。父亲说:"你们爱吃花生吗?"

我们争着答应(6):"爱!"

"谁能把花生的好处说出来?"

姐姐说:"花生的味美。"

哥哥说:"花生可以榨油。"

我说:"花生的价钱⁽⁷⁾便宜⁽⁸⁾,谁都可以买来吃,都喜欢吃。这就是它的好处。"

父亲说:"花生的好处很多,有一样最可贵,它的果实埋在地里,不像桃子、石榴、苹果那样,把鲜红嫩绿的果实高高地挂在枝头上,使人一见就生爱慕之心。你们看它矮矮地长在地上,等到成熟了,也不能立刻分辨出来它有没有果实,必须挖出来才知道。"

我们都说是,母亲也点点头。

父亲接下去说:"所以你们要像花生,它虽然不好看,可是很有用,不是外表好看而没有实用的东西。"

我说:"那么,人要做有用的人,不要做只讲体面,而对别人⁽⁹⁾没有好处的人了。"//

父亲说:"对。这是我对你们的希望。"

我们谈到夜深才散。花生做的食品都吃完了,父亲的话却深深地印在我的心上。

语音提示：

（1）空地 kòngdì　（2）开辟 kāipì　（3）买种 mǎizhǒng　（4）播种 bōzhòng
（5）吩咐 fēnfù　（6）答应 dāying　（7）价钱 jiàqian　（8）便宜 piányi
（9）别人 biéren

作品27号　麻雀

我打猎归来,沿着花园的林阴路走着。狗跑在我前边。

突然,狗放慢脚步,蹑足潜行⁽¹⁾,好像嗅⁽²⁾到了前边有什么野物。

我顺着林阴路望去,看见了一只嘴边还带黄色、头上生着柔毛的小麻雀。风猛烈地吹打着林阴路上的白桦树⁽³⁾,麻雀从巢⁽⁴⁾里跌落下来,呆呆地伏在地上,孤立无援地张开两只羽毛还未丰满的小翅膀。

我的狗慢慢向它靠近。忽然,从附近一棵树上飞下一只黑胸脯⁽⁵⁾的老麻雀,像一颗石子似的⁽⁶⁾落到狗的跟前。老麻雀全身倒竖着羽毛,惊恐万状,发出绝望、凄惨的叫声,接着向露出牙齿、大张着的狗嘴扑去。

老麻雀是猛扑下来救护幼雀的。它用身体掩护着自己的幼儿……但它整个小小的身体因恐怖而战栗⁽⁷⁾着,它小小的声音也变得粗暴嘶哑,它在牺牲自己!

在它看来,狗该是多么庞大的怪物啊⁽⁸⁾!然而,它还是不能站在自己高高的、安全的树枝上……一种比它的理智更强烈的力量,使它从那儿扑下身来。

我的狗站住了,向后退了退……看来,它也感到了这种力量。

我赶紧唤住惊慌失措的狗,然后我怀着崇敬的心情,走开了。

是啊,请不要见笑。我崇敬那只小小的、英勇的鸟儿,我崇敬它那种爱的冲动和力量。

爱,我//想,比死和死的恐惧更强大。只有依靠它,依靠这种爱,生命才能维持下去,发展下去。

语音提示：

（1）蹑足潜行 nièzú – qiánxíng　（2）嗅 xiù　（3）白桦树 báihuàshù　（4）巢 cháo
（5）胸脯 xiōngpú　（6）似的 shìde　（7）战栗 zhànlì　（8）啊 wa

作品28号　迷途笛音

那年我六岁。离我家仅一箭之遥的小山坡旁，有一个早已被废弃的采石场，双亲从来不准我去那儿⁽¹⁾，其实那儿风景十分迷人。

一个夏季的下午，我随着一群小伙伴偷偷上那儿去了。就在我们穿越了一条孤寂⁽²⁾的小路后，他们却把我一个人留在原地，然后奔向"更危险的地带"了。

等他们走后，我惊慌失措⁽³⁾地发现，再也找不到要回家的那条孤寂的小道了。像只无头的苍蝇⁽⁴⁾，我到处乱钻，衣裤上挂满了芒刺。太阳已落山，而此时此刻，家里一定开始吃晚餐了，双亲正盼着我回家……想着想着，我不由得背靠着一棵树，伤心地呜呜大哭起来……

突然，不远处传来了声声柳笛。我像找到了救星，急忙循声⁽⁵⁾走去。一条小道边的树桩上坐着一位吹笛人，手里还正削⁽⁶⁾着什么。走近细看，他不就是被大家称为"乡巴佬"的卡廷⁽⁷⁾吗？

"你好，小家伙⁽⁸⁾，"卡廷说，"看天气多美，你是出来散步的吧？"

我怯生生⁽⁹⁾地点点头，答道："我要回家了。"

"请耐心等上几分钟，"卡廷说，"瞧，我正在削一支柳笛，差不多就要做好了，完工后就送给你吧！"

卡廷边削边不时把尚未成形的柳笛放在嘴里试吹一下。没过多久，一支柳笛便递到我手中。我俩在一阵阵清脆悦耳的笛音//中，踏上了归途……

当时，我心中只充满感激，而今天，当我自己也成了祖父时，却突然领悟到他用心之良苦！那天当他听到我的哭声时，便判定我一定迷了路，但他并不想在孩子面前扮演"救星"的角色⁽¹⁰⁾，于是吹响柳笛以便让我能发现他，并跟着他走出困境！卡廷先生以乡下人的纯朴，保护了一个小男孩⁽¹¹⁾强烈的自尊。

语音提示：

（1）那儿 nàr　（2）孤寂 gūjì　（3）惊慌失措 jīnghuāng – shīcuò
（4）苍蝇 cāngying　（5）循声 xúnshēng　（6）削 xiāo　（7）卡廷 Kǎtíng
（8）小家伙 xiǎojiāhuo　（9）怯生生 qièshēngshēng　（10）角色 juésè
（11）男孩 nánháir

作品29号　莫高窟

在浩瀚无垠⁽¹⁾的沙漠里，有一片美丽的绿洲，绿洲里藏着一颗闪光的珍珠。这颗珍珠就是敦煌莫高窟[2]。它坐落在我国甘肃省敦煌市三危山和鸣沙山的怀抱中。

鸣沙山东麓[3]是平均高度为十七米的崖壁。在一千六百多米长的崖壁上,凿[4]有大小洞窟七百余个,形成了规模宏伟的石窟群。其中四百九十二个洞窟中,共有彩色塑像两千一百余尊,各种壁画共四万五千多平方米。莫高窟是我国古代无数艺术匠师留给人类的珍贵文化遗产。

莫高窟的彩塑,每一尊都是一件精美的艺术品。最大的有九层楼那么高,最小的还不如一个手掌大。这些彩塑个性鲜明,神态各异。有慈眉善目的菩萨,有威风凛凛[5]的天王,还有强壮勇猛的力士……

莫高窟壁画的内容丰富多彩,有的是描绘古代劳动人民打猎、捕鱼[6]、耕田、收割的情景,有的是描绘人们奏乐、舞蹈、演杂技的场面,还有的是描绘大自然的美丽风光。其中最引人注目的是飞天。壁画上的飞天,有的臂挎花篮,采摘鲜花;有的反弹琵琶[7],轻拨银弦[8];有的倒悬身子,自天而降;有的彩带飘拂[9],漫天遨游[10];有的舒展着双臂,翩翩起舞。看着这些精美动人的壁画,就像走进了//灿烂辉煌的艺术殿堂。

莫高窟里还有一个面积不大的洞窟——藏经洞。洞里曾藏有我国古代的各种经卷、文书、帛画[11]、刺绣、铜像等共六万多件。由于清朝政府腐败无能,大量珍贵的文物被外国强盗掠走。仅存的部分经卷,现在陈列于北京故宫等处。

莫高窟是举世闻名的艺术宝库。这里的每一尊彩塑、每一幅壁画、每一件文物,都是中国古代人民智慧的结晶。

语音提示

（1）浩瀚无垠 hàohàn-wúyín　（2）莫高窟 Mògāokū　（3）东麓 dōnglù　（4）凿 záo
（5）威风凛凛 wēifēng-lǐnlǐn　（6）捕鱼 bǔyú　（7）琵琶 pípa　（8）银弦 yínxián
（9）飘拂 piāofú　（10）遨游 áoyóu　（11）帛画 bóhuà

作品30号　牡丹的拒绝

其实你在很久以前并不喜欢牡丹,因为它总被人作为富贵膜拜[1]。后来你目睹了一次牡丹的落花,你相信所有的人都会为之[2]感动:一阵清风徐来,娇艳鲜嫩的盛期牡丹忽然整朵整朵地坠落[3],铺撒一地绚丽[4]的花瓣。那花瓣落地时依然鲜艳夺目,如同一只奉上祭坛的大鸟脱落的羽毛,低吟着壮烈的悲歌离去。

牡丹没有花谢花败之时,要么烁于[5]枝头,要么归于泥土,它跨越萎顿[6]和衰老,由青春而死亡,由美丽而消遁[7]。它虽美却不吝惜[8]生命,即使[9]告别也要展示给人最后一次的惊心动魄。

所以在这阴冷的四月里,奇迹不会发生。任凭游人扫兴和诅咒[10],牡丹依然安之若素。它不苟且[11]、不俯就、不妥协、不媚俗,甘愿自己冷落自己。它遵循自己的花期自己的规律,它有权利为自己选择每年一度的盛大节日。它为什么不拒绝寒冷?

天南海北的看花人,依然络绎不绝⁽¹²⁾地涌入⁽¹³⁾洛阳城。人们不会因牡丹的拒绝而拒绝它的美。如果它再被贬谪⁽¹⁴⁾十次,也许它就会繁衍⁽¹⁵⁾出十个洛阳牡丹城。

于是你在无言的遗憾中感悟到,富贵与高贵只是一字之差。同人一样,花儿也是有灵性的,更有品位之高低。品位这东西为气为魂为//筋骨为神韵,只可意会。你叹服牡丹卓尔不群⁽⁶⁾之姿,方知品位是多么容易被世人忽略或是漠视的美。

语音提示:

(1)膜拜 móbài (2)为之 wèizhī (3)坠落 zhuìluò (4)绚丽 xuànlì

(5)烁于 shuòyú (6)萎顿 wěidùn (7)消遁 xiāodùn (8)吝惜 lìnxī

(9)即使 jíshǐ (10)诅咒 zǔzhòu (11)苟且 gǒuqiě (12)络绎不绝 luòyì-bùjué

(13)涌入 yǒngrù (14)贬谪 biǎnzhé (15)繁衍 fányǎn

(16)卓尔不群 zhuóěr-bùqún

作品31号 "能吞能吐"的森林

森林涵养水源,保持水土,防止水旱灾害的作用非常大。据专家测算,一片十万亩面积的森林,相当于一个两百万立方米的水库,这正如农谚⁽¹⁾所说的:"山上多栽树,等于修水库。雨多它能吞,雨少它能吐⁽²⁾。"

说起森林的功劳,那还多得很。它除了为人类提供⁽³⁾木材及许多种生产、生活的原料之外,在维护生态环境方面也是功劳卓著⁽⁴⁾,它用另一种"能吞能吐"的特殊功能孕育了人类。因为地球在形成之初,大气中的二氧化碳含量很高,氧气很少,气温也高,生物是难以生存的。大约在四亿年之前,陆地才产生了森林。森林慢慢将大气中的二氧化碳吸收,同时吐出新鲜氧气,调节⁽⁵⁾气温:这才具备了人类生存的条件,地球上才最终有了人类。

森林,是地球生态系统的主体,是大自然的总调度室⁽⁶⁾,是地球的绿色之肺。森林维护地球生态环境的这种"能吞能吐"的特殊功能是其他任何物体都不能取代的。然而⁽⁷⁾,由于地球上的燃烧物增多,二氧化碳的排放量急剧增加,使得地球生态环境急剧恶化,主要表现为全球气候变暖,水分蒸发加快,改变了气流的循环,使气候变化加剧,从而引发热浪、飓风⁽⁸⁾、暴雨、洪涝⁽⁹⁾及干旱。

为了//使地球的这个"能吞能吐"的绿色之肺恢复健壮,以改善生态环境,抑制⁽¹⁰⁾全球变暖,减少水旱等自然灾害,我们应该大力造林、护林,使每一座荒山都绿起来。

语音提示:

(1)农谚 nóngyàn (2)吐 tǔ (3)提供 tígōng (4)卓著 zhuózhù

(5)调节 tiáojié (6)调度室 diàodùshì (7)然而 rán'ér

(8)飓风 jùfēng (9)洪涝 hónglào (10)抑制 yìzhì

作品32号　朋友和其他

朋友即将⁽¹⁾远行。

暮春时节,又邀了几位朋友在家小聚,虽然都是极熟的朋友,却是终年难得一见,偶尔电话里相遇,也无非是几句寻常话。一锅小米稀饭,一碟大头菜,一盘自家酿制⁽²⁾的泡菜,一只巷口⁽³⁾买回的烤鸭,简简单单,不像请客,倒像家人团聚。

其实,友情也好,爱情也好,久而久之都会转化为亲情。

说也奇怪,和新朋友会谈文学、谈哲学、谈人生道理等等,和老朋友却只话家常,柴米油盐,细细碎碎,种种琐事⁽⁴⁾。很多时候⁽⁵⁾,心灵的契合⁽⁶⁾已经不需要太多的言语来表达。

朋友新烫了个头,不敢回家见母亲,恐怕惊骇⁽⁷⁾了老人家⁽⁸⁾,却欢天喜地来见我们,老朋友颇能以一种趣味性的眼光欣赏这个改变。

年少的时候,我们差不多都在为别人而活,为苦口婆心的父母活,为循循善诱⁽⁹⁾的师长活,为许多观念、许多传统的约束力而活。年岁逐增,渐渐挣脱⁽¹⁰⁾外在的限制与束缚⁽¹¹⁾,开始懂得为自己活,照自己的方式做一些自己喜欢的事,不在乎⁽¹²⁾别人的批评意见,不在乎别人的诋毁⁽¹³⁾流言,只在乎那一份随心所欲的舒坦自然。偶尔,也能够纵容自己放浪一下,并且有一种恶作剧的窃喜。

就让生命顺其自然,水到渠成吧,犹如窗前的//乌桕⁽¹⁴⁾,自生自落之间,自有一份圆融丰满的喜悦。春雨轻轻落着,没有诗,没有酒,有的只是一份相知相属⁽¹⁵⁾的自在自得。

夜色在笑语中渐渐沉落,朋友起身告辞,没有挽留,没有送别,甚至也没有问归期。

已经过了大喜大悲的岁月,已经过了伤感流泪的年华,知道了聚散原来是这样的自然和顺理成章,懂得这点,便懂得珍惜每一次相聚的温馨⁽¹⁶⁾,离别便也欢喜。

语音提示:

(1)即将 jíjiāng　(2)酿制 niàngzhì　(3)巷口 xiàngkǒu　(4)琐事 suǒshì

(5)时候 shíhou　(6)契和 qìhé　(7)惊骇 jīnghài　(8)老人家 lǎorénjia

(9)循循善诱 xúnxún-shànyòu　(10)挣脱 zhèngtuō　(11)束缚 shùfù

(12)不在乎 bùzàihu　(13)诋毁 dǐhuǐ　(14)乌桕 wūjiù　(15)相属 xiāngzhǔ

(16)温馨 wēnxīn

作品33号　散步

我们在田野散步:我,我的母亲,我的妻子和儿子。

母亲本不愿出来的。她老了,身体不好,走远一点儿⁽¹⁾就觉得很累。我说,正因为⁽²⁾如此,才应该多走走。母亲信服地点点头,便去拿外套。她现在很听我的话,就像我小时候很听她的话一样。

这南方初春的田野,大块小块的新绿随意地铺着,有的浓,有的淡,树上的嫩芽也密了,田里的冬水也咕咕⁽³⁾地起着水泡。这一切都使人想着一样东西——生命。

我和母亲走在前面,我的妻子和儿子走在后面。小家伙⁽⁴⁾突然叫起来:"前面是妈妈和儿子,后面也是妈妈和儿子。"我们都笑了。

后来发生了分歧⁽⁵⁾:母亲要走大路,大路平顺;我的儿子要走小路,小路有意思。不过,一切都取决于我。我的母亲老了,她早已习惯听从她强壮的儿子;我的儿子还小,他还习惯听从他高大的父亲;妻子呢,在外面,她总是听我的。一霎时⁽⁶⁾我感到了责任的重大。我想找一个两全的办法,找不出;我想拆散⁽⁷⁾一家人,分成两路,各得其所,终不愿意。我决定委屈儿子,因为我伴同他的时日还长。我说:"走大路。"

但是母亲摸摸孙儿的小脑瓜,变了主意:"还是走小路吧。"她的眼随小路望去:那里有金色的菜花,两行整齐的桑树,//尽头一口水波粼粼的鱼塘。"我走不过去的地方,你就背着我。"母亲对我说。

这样,我们在阳光下,向着那菜花、桑树和鱼塘走去。到了一处,我蹲下来,背起了母亲;妻子也蹲下来,背起了儿子。我和妻子都是慢慢地,稳稳地,走得很仔细,好像我背上的同她背上的加起来,就是整个世界。

语音提示:

(1)一点儿 yīdiǎnr　(2)因为 yīnwèi　(3)咕咕 gūgū　(4)小家伙 xiǎojiāhuo

(5)分歧 fēnqí　(6)一霎时 yīshàshí　(7)拆散 chāisàn

作品 34 号　神秘的"无底洞"

地球上是否真的存在"无底洞"？按说地球是圆的,由地壳⁽¹⁾、地幔⁽²⁾和地核三层组成,真正的"无底洞"是不应存在的,我们所看到的各种山洞、裂口、裂缝,甚至火山口也都只是地壳浅部的一种现象。然而中国一些古籍却多次提到海外有个深奥莫测的无底洞。事实上地球上确实有这样一个"无底洞"。

它位于希腊亚各斯⁽³⁾古城的海滨。由于濒临⁽⁴⁾大海,大涨潮⁽⁵⁾时,汹涌⁽⁶⁾的海水便会排山倒海般地涌入⁽⁷⁾洞中,形成一股湍湍⁽⁸⁾的急流。据测,每天流入洞内的海水量达三万多吨。奇怪的是,如此大量的海水灌入洞中,却从来没有把洞灌满。曾有人怀疑,这个"无底洞",会不会就像石灰岩地区的漏斗、竖井、落水洞一类的地形。然而从二十世纪三十年代以来,人们就做了多种努力企图寻找它的出口,却都是枉费心机。

为了揭开这个秘密,一九五八年美国地理学会派出一支考察队,他们把一种经久不变的带色染料溶解在海水中,观察染料是如何随着海水一起沉下去。接着又察看了附近海面以及岛上的各条河、湖,满怀希望地寻找这种带颜色的水,结果令人失望。难道是海水量太大把有色水稀释得太淡,以致无法发现？//

至今谁也不知道为什么这里的海水会没完没了地"漏"下去,这个"无底洞"的出口又在哪里,每天大量的海水究竟都流到哪里去了？

语音提示：

(1)地壳 dìqiào　(2)地幔 dìmàn　(3)亚各斯 Yàgèsī　(4)濒临 bīnlín
(5)涨潮 zhǎngcháo　(6)汹涌 xiōngyǒng　(7)涌入 yǒngrù　(8)湍湍 tuāntuān

作品35号　世间最美的坟墓

我在俄国见到的景物再没有比托尔斯泰墓更宏伟、更感人的。

完全按照托尔斯泰的愿望，他的坟墓成了世间最美的，给人印象最深刻的坟墓。它只是树林中的一个小小的长方形土丘，上面开满鲜花——没有十字架，没有墓碑，没有墓志铭(1)，连托尔斯泰这个名字也没有。

这位比谁都感到受自己的声名所累(2)的伟人，却像偶尔被发现的流浪汉，不为人知的士兵，不留名姓地被人埋葬了。谁都可以踏进他最后的安息地，围在四周稀疏的木栅栏(3)是不关闭的——保护列夫·托尔斯泰得以安息的没有任何别的东西，惟有人们的敬意；而通常，人们却总是怀着好奇，去破坏伟人墓地的宁静。

这里，逼人的朴素禁锢(4)住任何一种观赏的闲情，并且不容许你大声说话。风儿俯临，在这座无名者之墓的树木之间飒飒(5)响着，和暖的阳光在坟头嬉戏(6)；冬天，白雪温柔地覆盖这片幽暗的土地。无论你在夏天或冬天经过这儿，你都想象不到，这个小小的、隆起的长方体里安放着一位当代最伟大的人物。

然而，恰恰是这座不留姓名的坟墓，比所有挖空心思用大理石和奢华(7)装饰建造的坟墓更扣人心弦(8)。在今天这个特殊的日子里，//到他的安息地来的成百上千人中间，没有一个有勇气，哪怕仅仅从这幽暗的土丘上摘下一朵花留作纪念。人们重新感到，世界上再没有比托尔斯泰最后留下的、这座纪念碑式的朴素坟墓，更打动人心的了。

语音提示：

(1)墓志铭 mùzhìmíng　(2)所累 suǒlèi　(3)栅栏 zhàlan　(4)禁锢 jìngù
(5)飒飒 sàsà　(6)嬉戏 xīxì　(7)奢华 shēhuá　(9)扣人心弦 kòurén – xīnxián

作品36号　苏州园林

我国的建筑，从古代的宫殿到近代的一般住房，绝大部分是对称(1)的，左边怎么样，右边怎么样。苏州园林可绝不讲究对称，好像故意避免似的(2)。东边有了一个亭子或者一道回廊，西边决不会来一个同样的亭子或者一道同样的回廊。这是为什么？我想，用图画来比方，对称的建筑是图案画，不是美术画，而园林是美术画，美术画要求自然之趣，是不讲究对称的。

苏州园林里都有假山和池沼(3)。

假山的堆叠，可以说是一项艺术而不仅是技术。或者是重峦叠嶂(4)，或者是几座小山配合着竹子花木，全在乎设计者和匠师们生平多阅历，胸中有丘壑(5)，才能使游览者攀登的时候忘却苏州城市,只觉得身在山间。

至于池沼,大多引用活水。有些园林池沼宽敞,就把池沼作为全园的中心,其他景物配合着布置。水面假如成河道模样[6],往往安排桥梁。假如安排两座以上的桥梁,那就一座一个样,决不雷同。

池沼或河道的边沿很少砌[7]齐整的石岸,总是高低屈曲任其自然。还在那儿布置几块玲珑的石头,或者种些花草。这也是为了取得从各个角度看都成一幅画的效果。池沼里养着金鱼或各色鲤鱼,夏秋季节荷花或睡莲开//放,游览者看"鱼戏莲叶间",又是入画的一景。

语音提示:

(1)对称 duìchèn　(2)似的 shìde　(3)池沼 chízhǎo

(4)重峦叠嶂 chóngluán-diézhàng　(5)丘壑 qiūhè

(6)模样 múyàng　(7)砌 qì

作品37号　态度创造快乐

一位访美中国女作家,在纽约遇到一位卖花的老太太。老太太穿着[1]破旧,身体虚弱,但脸上的神情却是那样祥和兴奋[2]。女作家挑了一朵花说:"看起来,你很高兴。"老太太面带微笑地说:"是的,一切都这么美好,我为什么不高兴呢?""对烦恼,你倒真能看得开。"女作家又说了一句。没料到,老太太的回答更令女作家大吃一惊:"耶稣[3]在星期五被钉上十字架时,是全世界最糟糕的一天,可三天后就是复活节。所以,当我遇到不幸时,就会等待三天,这样一切就恢复正常了。"

"等待三天",多么富于哲理的话语,多么乐观的生活方式。它把烦恼和痛苦抛下,全力去收获快乐。

沈从文在"文革"期间,陷入了非人的境地。可他毫不在意,他在咸宁时给他的表侄、画家黄永玉写信说:"这里的荷花真好,你若来……"身陷苦难却仍为荷花的盛开欣喜赞叹不已,这是一种趋于澄明[4]的境界,一种旷达洒脱的胸襟[5],一种面临磨难坦荡从容[6]的气度,一种对生活童子般的热爱和对美好事物无限向往的生命情感。

由此可见,影响一个人快乐的,有时并不是困境及磨难,而是一个人的心态。如果把自己浸泡[6]在积极、乐观、向上的心态中,快乐必然会//占据你的每一天。

语音提示:

(1)穿着 chuānzhuó　(2)兴奋 xīngfèn　(3)耶稣 Yēsū　(4)澄明 chéngmíng

(5)胸襟 xiōngjīn　(6)从容 cóngróng　(7)浸泡 jìnpào

作品38号　泰山极顶

泰山极顶看日出,历来被描绘成十分壮观的奇景。有人说:登泰山而看不到日出,就像一出大戏没有戏眼[1],味儿终究有点寡淡。

我去爬山那天,正赶上个难得的好天,万里长空,云彩丝儿[2]都不见。素常,烟雾腾腾的山头,显得眉目分明。同伴们都欣喜地说:"明天早晨准可以看见日出了。"我也是抱着这种想头,爬上山去。

一路从山脚往上爬,细看山景,我觉得挂在眼前的不是五岳独尊的泰山,却像一幅[3]规模惊人的青绿山水画,从下面倒展开来。在画卷中最先露出[4]的是山根底那座明朝建筑岱宗坊[5],慢慢地便现出王母池、斗母宫、经石峪[6]。山是一层比一层深,一叠比一叠奇,层层叠叠,不知还会有多深多奇,万山丛中,时而点染着极其工细的人物。王母池旁的吕祖殿里有不少尊明塑,塑着吕洞宾等一些人,姿态神情是那样有生气,你看了,不禁[7]会脱口赞叹说:"活啦。"

画卷继续展开,绿阴森森的柏洞露面不太久,便来到对松山。两面奇峰对峙[8]着,满山峰都是奇形怪状的老松,年纪怕都有上千岁了,颜色竟那么浓,浓得好像要流下来似的。来到这儿,你不妨[9]权当[10]一次画里的写意人物,坐在路旁的对松亭里,看看山色,听听流//水和松涛。

一时间,我又觉得自己不仅是在看画卷,却又像是在零零乱乱翻着一卷历史稿本。

语音提示:

(1)戏眼 xìyǎnr　(2)丝儿 sīr　(3)一幅 yīfú　(4)露出 lùchū

(5)岱宗坊 Dàizōngfāng (6)经石峪 Jīngshíyù　(7)不禁 bùjīn

(8)对峙 duìzhì　(9)不妨 bùfáng　(10)权当 quándàng

作品39号　陶行知的"四块糖果"

育才小学校长陶行知在校园看到学生王友用泥块砸自己班上的同学,陶行知当即[1]喝止[2]了他,并令他放学后到校长室去。无疑,陶行知是要好好教育这个"顽皮"的学生。那么他是如何教育的呢?

放学后,陶行知来到校长室,王友已经等在门口准备挨训了。可一见面,陶行知却掏出一块糖果送给王友,并说:"这是奖给你的,因为[3]你按时来到这里,而我却迟到了。"王友惊疑地接过糖果。

随后,陶行知又掏出一块糖果放到他手里,说:"这第二块糖果也是奖给你的,因为当我不让你再打人时,你立即就住手了,这说明你很尊重我,我应该奖你。"王友更惊疑了,他眼睛睁得大大的。

陶行知又掏出第三块糖果塞到王友手里,说:"我调查过了,你用泥块砸那些男生,是因为他们不守游戏规则,欺负女生;你砸他们,说明你很正直善良,且有批评不良行为的勇气,应该奖励你啊[4]!"王友感动极了,他流着眼泪后悔地喊道:"陶……陶校长你打我两下吧!我砸的不是坏人,而是自己的同学啊[5]……"

陶行知满意地笑了,他随即掏出第四块糖果递给王友,说:"为你正确地认识错误,我再奖给你一块糖,只可惜我只有这一块糖果了。我的糖果//没有了,我看我们的谈话也该结束了吧!"说完,就走出了校长室。

语音提示:

(1)当即 dāngjí　(2)喝止 hèzhǐ　(3)因为 yīnwèi　(4)啊 ya　(5)啊 ya

作品40号　提醒幸福

享受幸福是需要学习的,当它即将来临的时刻需要提醒。人可以自然而然地学会感官的享乐,却无法天生地掌握幸福的韵律。灵魂的快意同器官的舒适像一对孪生(1)兄弟,时而相傍相依(2),时而南辕北辙(3)。

幸福是一种心灵的震颤(4)。它像会倾听音乐的耳朵一样,需要不断地训练。

简而言之,幸福就是没有痛苦的时刻。它出现的频率并不像我们想象的那样少。人们常常只是在幸福的金马车已经驶过去很远时,才拣起地上的金鬃毛(5)说,原来我见过它。

人们喜爱回味幸福的标本,却忽略它披着露水散发清香的时刻。那时候我们往往步履(6)匆匆,瞻前顾后(7)不知在忙着什么。

世上有预报台风的,有预报蝗灾的,有预报瘟疫的,有预报地震的。没有人预报幸福。

其实幸福和世界万物一样,有它的征兆。

幸福常常是朦胧的,很有节制地向我们喷洒甘霖(8)。你不要总希望轰轰烈烈的幸福,它多半只是悄悄地扑面而来。你也不要企图把水龙头拧(9)得更大,那样它会很快地流失。你需要静静地以平和之心,体验它的真谛(10)。

幸福绝大多数是朴素的。它不会像信号弹似的,在很高的天际闪烁红色的光芒。它披着本色的外//衣,亲切温暖地包裹起我们。

幸福不喜欢喧嚣浮华(11),它常常在暗淡中降临。贫困中相濡以沫(12)的一块糕饼,患难中心心相印的一个眼神,父亲一次粗糙(13)的抚摸,女友一张温馨的字条……这都是千金难买的幸福啊(14)。像一粒粒缀(15)在旧绸子上的红宝石,在凄凉中愈发熠熠夺目(16)。

语音提示:

(1)孪生 luánshēng　(2)相傍相依 xiāngbàng – xiāngyī

(3)南辕北辙 nányuán-běizhé　(4)震颤 zhènchàn　(5)金鬃毛 jīnzōngmáo

(6)步履 bùlǚ　(7)瞻前顾后 zhānqián-gùhòu　(8)甘霖 gānlín

(9)拧 nǐng　(10)真谛 zhēndì　(11)喧嚣浮华 xuānxiāo – fúhuá

(12)相濡以沫 xiāngrú – yǐmò　(13)粗糙 cūcāo　(14)啊 wa

(15)缀 zhuì　(16)熠熠夺目 yìyì – duómù

作品41号　天才的造就

在里约热内卢⁽¹⁾的一个贫民窟⁽²⁾里，有一个男孩子，他非常喜欢足球，可是又买不起，于是就踢塑料⁽³⁾盒，踢汽水瓶，踢从垃圾箱里拣来的椰子⁽⁴⁾壳。他在胡同里踢，在能找到的任何一片空地上踢。

有一天，当他在一处干涸⁽⁵⁾的水塘里猛踢一个猪膀胱⁽⁶⁾时，被一位足球教练看见了。他发现这个男孩儿踢得很像是那么回事，就主动提出要送给他一个足球。小男孩儿得到足球后踢得更卖劲了。不久，他就能准确地把球踢进远处随意摆放的一个水桶里。

圣诞节到了，孩子的妈妈说："我们没有钱买圣诞礼物送给我们的恩人，就让我们为他祈祷⁽⁷⁾吧。"

小男孩儿跟随妈妈祈祷完毕，向妈妈要了一把铲子便跑了出去。他来到一座别墅⁽⁸⁾前的花园里，开始挖坑。

就在他快要挖好坑的时候，从别墅里走出一个人来，问小孩儿在干什么，孩子抬起满是汗珠的脸蛋儿，说："教练，圣诞节到了，我没有礼物送给您，我愿给您的圣诞树挖一个树坑。"

教练把小男孩儿从树坑里拉上来，说，我今天得到了世界上最好的礼物。明天你就到我的训练场去吧。

三年后，这位十七岁的男孩儿在第六届足球锦标赛上独进二十一球，为巴西第一次捧回了金杯。一个原//来不为世人所知的名字——贝利，随之传遍世界。

语音提示：

（1）里约热内卢 Lǐyuērènèilú　（2）贫民窟 pínmínkū　（3）塑料 sùliào

（4）椰子 yēzi　（5）干涸 gānhé　（6）膀胱 pángguāng　（7）祈祷 qídǎo

（8）别墅 biéshù

作品42号　我的母亲独一无二

记得我十三岁时，和母亲住在法国东南部的耐斯城⁽¹⁾。母亲没有丈夫，也没有亲戚，够清苦的，但她经常能拿出令人吃惊的东西，摆在我面前。她从来不吃肉，一再说自己是素食者。然而有一天，我发现母亲正仔细地用一小块碎面包擦那给我煎牛排用的油锅。我明白了她称自己为素食者的真正原因。

我十六岁时，母亲成了耐斯市美蒙旅馆的女经理。这时，她更忙碌了。一天，她瘫在椅子上，脸色苍白，嘴唇发灰。马上找来医生，做出诊断：她摄取⁽²⁾了过多的胰岛素⁽³⁾。直到这时我才知道母亲多年一直对我隐瞒的疾病⁽⁴⁾——糖尿病。

她的头歪向枕头一边，痛苦地用手抓挠⁽⁵⁾胸口。床架上方，则挂着一枚我一九三二年赢得耐斯市少年乒乓球冠军的银质奖章。

啊,是对我的美好前途的憧憬⁽⁶⁾支撑着她活下去,为了给她那荒唐的梦至少加一点真实的色彩,我只能继续努力,与时间竞争,直至一九三八年我被征入空军。巴黎很快失陷,我辗转⁽⁷⁾调到英国皇家空军。刚到英国就接到了母亲的来信。这些信是由在瑞士的一个朋友秘密地转到伦敦,送到我手中的。

现在我要回家了,胸前佩戴着醒目的绿黑两色的解放十字绶//带⁽⁸⁾,上面挂着五六枚我终生难忘的勋章,肩上还佩戴着军官肩章。到达旅馆时,没有一个人跟我打招呼。原来,我母亲在三年半以前就已经离开人间了。

在她死前的几天中,她写了近二百五十封信,把这些信交给她在瑞士的朋友,请这个朋友定时寄给我。就这样,在母亲死后的三年半的时间里,我一直从她身上吸取着力量和勇气——这使我能够继续战斗到胜利那一天。

语音提示:

(1)耐斯城 Nàisīchéng　(2)摄取 shèqǔ　(3)胰岛素 yídǎosù　(4)疾痛 jítòng
(5)抓挠 zhuānáo　(6)憧憬 chōngjǐng　(7)辗转 zhǎnzhuǎn　(8)绶带 shòudài

作品43号　我的信念

生活对于任何人都非易事,我们必须有坚韧不拔⁽¹⁾的精神。最要紧的,还是我们自己要有信心。我们必须相信,我们对每一件事情都具有天赋⁽²⁾的才能,并且,无论付出任何代价,都要把这件事完成。当事情结束的时候,你要能问心无愧地说:"我已经尽我所能了。"

有一年的春天,我因病被迫在家里休息数周。我注视着我的女儿们所养的蚕正在结茧⁽³⁾,这使我很感兴趣。望着这些蚕执著⁽⁴⁾地、勤奋地工作,我感到我和它们非常相似。像它们一样,我总是耐心地把自己的努力集中在一个目标上。我之所以如此,或许是因为有某种力量在鞭策着我——正如蚕被鞭策着去结茧一般。

近五十年来,我致力于科学研究,而研究,就是对真理的探讨。我有许多美好快乐的记忆。少女时期我在巴黎大学,孤独地过着求学的岁月;在后来献身科学的整个时期,我丈夫和我专心致志,像在梦幻中一般,坐在简陋⁽⁵⁾的书房里艰辛地研究,后来我们就在那里发现了镭⁽⁶⁾。

我永远追求安静的工作和简单的家庭生活。为了实现这个理想,我竭力保持宁静的环境,以免受人事的干扰和盛名的拖累。

我深信,在科学方面我们有对事业而不//是对财富的兴趣。我的惟一奢望⁽⁷⁾是在一个自由国家中,以一个自由学者的身份从事研究工作。

我一直沉醉于世界的优美之中,我所热爱的科学也不断增加它崭新⁽⁸⁾的远景。我认定科学本身就具有伟大的美。

语音提示：

（1）坚韧不拔 jiānrèn-bùbá　（2）天赋 tiānfù　（3）结茧 jiéjiǎn　（4）执著 zhízhuó

（5）简陋 jiǎnlòu　（6）镭 léi　（7）奢望 shēwàng　（8）崭新 zhǎnxīn

作品44号　我为什么当老师

　　我为什么非要教书不可？是因为我喜欢当教师的时间安排表和生活节奏。七、八、九三个月给我提供[1]了进行回顾、研究、写作的良机，并将三者有机融合，而善于回顾、研究和总结正是优秀教师素质中不可缺少的成分。

　　干这行给了我多种多样的"甘泉"去品尝，找优秀的书籍去研读，到"象牙塔"和实际世界里去发现。教学工作给我提供了继续学习的时间保证，以及多种途径、机遇和挑战。

　　然而，我爱这一行的真正原因，是爱我的学生。学生们在我的眼前成长、变化。当教师意味着亲历"创造"过程的发生——恰似亲手赋予[2]一团泥土以生命，没有什么比目睹[3]它开始呼吸更激动人心的了。

　　权利我也有了：我有权利去启发诱导，去激发智慧的火花，去问费心思考的问题，去赞扬回答的尝试，去推荐书籍，去指点迷津[4]。还有什么别的权利能与之相比呢？

　　而且，教书还给我金钱和权利之外的东西，那就是爱心。不仅有对学生的爱，对书籍的爱，对知识的爱，还有教师才能感受到的对"特别"学生的爱。这些学生，有如冥顽不灵[5]的泥块，由于接受了老师的炽爱[6]才勃发了生机。

　　所以，我爱教书，还因为，在那些勃发生机的"特别"学//生身上，我有时发现自己和他们呼吸相通，忧乐与共。

语音提示：

（1）提供 tígōng　（2）赋予 fùyǔ　（3）目睹 mùdǔ　（4）迷津 míjīn

（5）冥顽不灵 míngwán-bùlíng　（6）炽爱 chì'ài

作品45号　西部文化和西部开发

　　中国西部我们通常是指黄河与秦岭相连一线以西，包括西北和西南的十二个省、市、自治区。这块广袤[1]的土地面积为五百四十六万平方公里，占国土总面积的百分之五十七；人口二点八亿，占全国总人口的百分之二十三。

　　西部是华夏文明的源头。华夏祖先的脚步是顺着水边走的：长江上游出土过元谋人[2]牙齿化石，距今约一百七十万年；黄河中游出土过蓝田人头盖骨，距今约七十万年。这两处古人类都比距今约五十万年的北京猿人资格更老。

　　西部地区是华夏文明的重要发源地，秦皇汉武以后，东西方文化在这里交汇融合，从而有了丝绸之路的驼铃声声，佛院深寺的暮鼓晨钟。敦煌莫高窟是世界文化史上的一个奇迹[3]，它在继承汉晋艺术传统的基础上，形成了自己兼收并蓄[4]的恢宏气度，展现出精美绝伦的艺术形式和博大精深的文化内涵。秦始皇兵马俑、西夏王陵、楼兰古国、布达拉宫、三星堆、大足石刻等历史文化遗产,同样为世界所瞩目[5],成为中华文化重要的象征。

西部地区又是少数民族及其文化的集萃[6]地,几乎包括了我国所有的少数民族。在一些偏远的少数民族地区,仍保留//了一些久远时代的艺术品种,成为珍贵的"活化石",如纳西古乐、戏曲、剪纸、刺绣、岩画等民间艺术和宗教艺术。特色鲜明、丰富多彩,犹如一个巨大的民族民间文化艺术宝库。

我们要充分重视和利用这些得天独厚的资源优势,建立良好的民族民间文化生态环境,为西部大开发做出贡献。

语音提示:

(1) 广袤 guǎngmào　(2) 元谋人 yuánmóurén　(3) 奇迹 qíjì

(4) 兼收并蓄 jiānshōu-bìngxù　(5) 瞩目 zhǔmù　(6) 集萃 jícuì

作品46号　喜悦

高兴,这是一种具体的被看得到摸得着的事物所唤起的情绪。它是心理的,更是生理的。它容易来也容易去,谁也不应该对它视而不见失之交臂,谁也不应该总是做那些使自己不高兴也使旁人不高兴的事。让我们说一件最容易做也最令人高兴的事吧,尊重你自己,也尊重别人,这是每一个人的权利,我还要说这是每一个人的义务。

快乐,它是一种富有概括性的生存状态、工作状态。它几乎是先验的,它来自生命本身的活力,来自宇宙、地球和人间的吸引,它是世界的丰富、绚丽[1]、阔大、悠久的体现。快乐还是一种力量,是埋在地下的根脉。消灭一个人的快乐比挖掘[2]掉一棵大树的根要难得多。

欢欣,这是一种青春的、诗意的情感。它来自面向着未来伸开双臂奔跑的冲力,它来自一种轻松而又神秘、朦胧而又隐秘[3]的激动,它是激情即将到来的预兆,它又是大雨过后的比下雨还要美妙得多也久远得多的回味……

喜悦,它是一种带有形而上色彩的修养和境界。与其[4]说它是一种情绪,不如说它是一种智慧、一种超拔[5]、一种悲天悯人[6]的宽容和理解,一种饱经沧桑的充实和自信,一种光明的理性,一种坚定//的成熟,一种战胜了烦恼和庸俗的清明澄澈。它是一潭清水,它是一抹[7]朝霞,它是无边的平原,它是沉默的地平线,多一点儿、再多一点儿喜悦吧,它是翅膀,也是归巢[8]。它是一杯美酒,也是一朵永远开不败的莲花。

语音提示:

(1) 绚丽 xuànlì　(2) 挖掘 wājué　(3) 隐秘 yǐnmì　(4) 与其 yǔqí

(5) 超拔 chāobá　(6) 悲天悯人 bēitiān-mǐnrén　(7) 一抹 yīmǒ

(8) 归巢 guīcháo

作品47号　香港:最贵的一棵树

　　在湾仔⁽¹⁾,香港最热闹的地方,有一棵榕树⁽²⁾,它是最贵的一棵树,不光在香港,在全世界,都是最贵的。

　　树,活的树,又不卖,何言其贵？只因它老,它粗,是香港百年沧桑⁽³⁾的活见证,香港人不忍看着它被砍伐,或者被移走,便跟要占用这片山坡的建筑者谈条件:可以在这儿建大楼盖商厦,但一不准砍树,二不准挪树,必须把它原地精心养起来,成为香港闹市中的一景。太古大厦的建设者最后签了合同,占用这个大山坡建豪华商厦的先决条件是同意保护这棵老树。

　　树长在半山坡上,计划将树下面的成千上万吨山石全部掏空取走,腾出地方来盖楼,把树架在大楼上面,仿佛它原本是长在楼顶上似的。建设者就地造了一个直径十八米、深十米的大花盆,先固定好这棵老树,再在大花盆底下盖楼。光这一项就花了两千三百八十九万港币,堪称⁽⁴⁾是最昂贵的保护措施了。

　　太古大厦落成之后,人们可以乘滚动扶梯一次到位,来到太古大厦的顶层,出后门,那儿是一片自然景色。一棵大树出现在人们面前,树干有一米半粗,树冠直径足有二十多米,独木成林,非常壮观,形成一座以它为中心的小公园,取名叫"榕圃"⁽⁵⁾。树前面//插着铜牌,说明原由。此情此景,如不看铜牌的说明,绝对想不到巨树根底下还有一座宏伟的现代大楼。

语音提示:

　　(1) 湾仔 Wānzǎi　　(2) 榕树 róngshù　　(3) 沧桑 cāngsāng　　(4) 堪称 kānchēng
　　(5) 榕圃 róngpǔ

作品48号　小鸟的天堂

　　我们的船渐渐地逼近榕树了。我有机会看清它的真面目:是一棵大树,有数不清的丫枝⁽¹⁾,枝上又生根,有许多根一直垂到地上,伸进泥土里。一部分树枝垂到水面,从远处看,就像一棵大树斜躺在水面上一样。

　　现在正是枝繁叶茂的时节。这棵榕树好像在把它的全部生命力展示给我们看。那么多的绿叶,一簇⁽²⁾堆在另一簇的上面,不留一点缝隙⁽³⁾。翠绿的颜色明亮地在我们的眼前闪耀,似乎每一片树叶上都有一个新的生命在颤动,这美丽的南国的树!

　　船在树下泊⁽⁴⁾了片刻,岸上很湿,我们没有上去。朋友说这里是"鸟的天堂",有许多鸟在这棵树上做窝,农民不许人去捉它们。我仿佛听见几只鸟扑翅的声音,但是等到我的眼睛注意地看那里时,我却看不见一只鸟的影子。只有无数的树根立在地上,像许多根木桩。地是湿的,大概涨潮⁽⁵⁾时河水常常冲上岸去。"鸟的天堂"里没有一只鸟,我这样想到。船开了,一个朋友拨着船,缓缓地流到河中间去。

　　第二天,我们划着船到一个朋友的家乡去,就是那个有山有塔的地方。从学校出发,我们又经过那"鸟的天堂"。

这一次是在早晨,阳光照在水面上,也照在树梢⁽⁶⁾上。一切都//显得非常光明。我们的船也在树下泊了片刻。

起初四周围非常清静。后来忽然起了一声鸟叫。我们把手一拍,便看见一只大鸟飞了起来,接着又看见第二只,第三只。我们继续拍掌,很快地这个树林就变得很热闹了。到处都是鸟声,到处都是鸟影。大的,小的,花的,黑的,有的站在枝上叫,有的飞起来,在扑翅膀。

语音提示:

(1)丫枝 yāzhī　(2)一簇 yīcù　(3)缝隙 fèngxì　(4)泊 bó　(5)涨潮 zhǎngcháo

(6)树梢 shùshāo

作品49号　野草

有这样一个故事。

有人问:世界上什么东西的气力最大?回答纷纭⁽¹⁾得很,有的说"象",有的说"狮",有人开玩笑似的说:是"金刚",金刚有多少气力,当然大家全不知道。

结果,这一切答案完全不对,世界上气力最大的,是植物的种子。一粒种子所可以显现出来的力,简直是超越一切。

人的头盖骨,结合得非常致密与坚固,生理学家和解剖⁽²⁾学者用尽了一切的方法,要把它完整地分出来,都没有这种力气。后来忽然有人发明了一个方法,就是把一些植物的种子放在要剖析的头盖骨里,给它以温度与湿度,使它发芽。一发芽,这些种子便以可怕的力量,将一切机械⁽³⁾力所不能分开的骨骼,完整地分开了。植物种子的力量之大,如此如此。

这,也许特殊了一点儿,常人不容易理解。那么,你看见过笋⁽⁴⁾的成长吗?你看见过被压在瓦砾⁽⁵⁾和石块下面的一棵小草的生长吗?它为着向往阳光,为着达成它的生之意志,不管上面的石块如何重,石与石之间如何狭⁽⁶⁾,它必定要曲曲折折地,但是顽强不屈地透到地面上来。它的根往土壤钻,它的芽往地面挺,这是一种不可抗拒的力,阻止它的石块,结果也被它掀翻,一粒种子的力量之大,如//此如此。

没有一个人将小草叫作"大力士",但是它的力量之大,的确⁽⁷⁾是世界无比。这种力是一般人看不见的生命力。只要生命存在,这种力就要显现。上面的石块,丝毫不足以阻挡。因为它是一种"长期抗战"的力;有弹性,能屈能伸的力;有韧性,不达目的不止的力。

语音提示:

(1)纷纭 fēnyún　(2)解剖 jiěpōu　(3)机械 jīxiè　(4)笋 sǔn　(5)瓦砾 wǎlì

(6)狭 xiá　(7)的确 díquè

作品50号　一分钟

著名教育家班杰明曾经接到一个青年人的求救电话,并与那个向往成功、渴望指点的青年人约好了见面的时间和地点。

待那个青年如约而至时,班杰明的房门敞开着,眼前的景象却令青年人颇感意外——班杰明的房间里乱七八糟、狼藉(1)一片。

没等青年人开口,班杰明就招呼道:"你看我这房间,太不整洁了,请你在门外等候一分钟,我收拾一下,你再进来吧。"一边说着,班杰明就轻轻地关上了房门。

不到一分钟的时间,班杰明就又打开了房门并热情地把青年人让进客厅。这时,青年人的眼前展现出另一番景象——房间内的一切已变得井然有序,而且有两杯刚刚倒好的红酒,在淡淡的香水气息里还漾(2)着微波。

可是,没等青年人把满腹的有关人生和事业的疑难问题向班杰明讲出来,班杰明就非常客气地说道:"干杯。你可以走了。"

青年人手持酒杯一下子愣住了,既尴尬(3)又非常遗憾地说:"可是,我……我还没向您请教呢……"

"这些……难道还不够吗?"班杰明一边微笑着,一边扫视着自己的房间,轻言细语地说,"你进来又有一分钟了。"

"一分钟……一分钟……"青年人若有所思地说:"我懂了,您让我明白了一分钟的时间可以做许//多事情,可以改变许多事情的深刻道理。"

班杰明舒心地笑了。青年人把杯里的红酒一饮而尽,向班杰明连连道谢后,开心地走了。

其实,只要把握好生命的每一分钟,也就把握了理想的人生。

语音提示:

(1)狼籍 lángjí　(2)漾 yàng　(3)尴尬 gāngà

作品51号　一个美丽的故事

有个塌鼻子的小男孩儿,因为两岁时得过脑炎,智力受损,学习起来很吃力。打个比方,别人写作文能写二三百字,他却只能写三五行。但即便这样的作文,他同样能写得很动人。

那是一次作文课,题目是《愿望》。他极其(1)认真地想了半天,然后极认真地写,那作文极短。只有三句话:我有两个愿望,第一个是,妈妈天天笑眯眯地看着我说:"你真聪明。"第二个是,老师天天笑眯眯地看着我说:"你一点儿也不笨。"

于是,就是这篇作文,深深地打动了他的老师,那位妈妈式的老师不仅给了他最高分,在班上带感情地朗读了这篇作文,还一笔一画[2]地批道:你很聪明,你的作文写得非常感人,请放心,妈妈肯定会格外喜欢你的,老师肯定会格外喜欢你的,大家肯定会格外喜欢你的。捧着作文本,他笑了,蹦蹦跳跳地回家了,像只喜鹊。但他并没有把作文本拿给妈妈看,他是在等待,等待着一个美好的时刻。

那个时刻终于到了,是妈妈的生日——一个阳光灿烂的星期天:那天,他起得特别早,把作文本装在一个亲手做的美丽的大信封里,等着妈妈醒来。妈妈刚刚睁眼醒来,他就笑眯眯地走到妈妈跟前说:"妈妈,今天是您的生日,我要//送给您一件礼物。"

果然,看着这篇作文,妈妈甜甜地涌出了两行热泪,一把搂住小男孩儿[3],搂得很紧很紧。

是的,智力可以受损,但爱永远不会。

语音提示:
(1)极其 jíqí (2)一笔一画 yībǐ-yīhuà (3)小男孩儿 xiǎonánháir

作品52号 永远的记忆

小学的时候,有一次我们去海边远足,妈妈没有做便饭,给了我十块钱买午餐。好像走了很久、很久,终于到海边了,大家坐下来便吃饭,荒凉的海边没有商店,我一个人跑到防风林外面去,级任老师要大家把吃剩的饭菜分给我一点。有两三个男生留下一点给我,还有一个女生,她的米饭拌了酱油,很香。我吃完的时候,她笑眯眯[1]地看着我,短头发[2],脸圆圆的。

她的名字叫翁香玉。

每天放学的时候,她走的是经过我们家的一条小路,带着一位比她小的男孩[3],可能是弟弟。小路边是一条清澈[4]见底的小溪,两旁竹阴覆盖,我总是远远地跟在后面[5]。夏日的午后特别炎热,走到半路她会停下来,拿手帕[6]在溪水里浸湿[7],为小男孩擦脸。我也在后面停下来,把肮脏[8]手帕弄湿了擦脸,再一路远远地跟着她回家。后来我们家搬到镇上去了,过几年我也上了中学。有一天放学回家,在火车上,看见斜对面一位短头发、圆圆脸的女孩,一身素净的白衣黑裙。我想她一定不认识我了。火车很快到站了,我随着人群挤向门口,她也走近了,叫我的名字。这是她第一次和我说话。

她笑眯眯的,和我一起走过月台。以后就没有再见过//她了。

这篇文章收在我出版的《少年心事》这本书里。

书出版后半年,有一天我忽然收到出版社转来的一封信,信封上是陌生[9]的字迹,但清楚地写着我本名。

信里面说她看到了这篇文章心里非常激动,没想到在离开家乡,漂泊[10]异地这么久之后,会看见自己仍然在一个人的记忆里,她自己也深深记得这其中的每一幕,只是没想到越过遥远的时空,竟然另一个人也深深记得。

语音提示：

(1)笑眯眯 xiàomīmī　(2)头发 tóufa　(3)男孩 nánháir　(4)清澈 qīngchè

(5)后面 hòumian　(6)手帕 shǒupà　(7)浸湿 jìnshī　(8)肮脏 āngzāng

(9)陌生 mòshēng　(10)漂泊 piāobó

作品53号　语言的魅力

　　在繁华的巴黎大街的路旁，站着一个衣衫褴褛(1)、头发斑白、双目失明的老人。他不像其他乞丐(2)那样伸手向过路行人乞讨，而是在身旁立一块木牌，上面写着："我什么也看不见！"街上过往的行人很多，看了木牌上的字都无动于衷，有的还淡淡一笑，便姗姗而去了。

　　这天中午，法国著名诗人让·彼浩勒(3)也经过这里。他看看木牌上的字，问盲老人："老人家，今天上午有人给你钱吗？"

　　盲老人叹息着回答："我，我什么也没有得到。"说着，脸上的神情非常悲伤。

　　让·彼浩勒听了，拿起笔悄悄地在那行字的前面添上了"春天到了，可是"几个字，就匆匆地离开了。

　　晚上，让·彼浩勒又经过这里，问那个盲老人下午的情况。盲老人笑着回答说："先生，不知为什么，下午给我钱的人多极了！"让·彼浩勒听了，摸着胡子满意地笑了。

　　"春天到了，可是我什么也看不见！"这富有诗意的语言，产生这么大的作用，就在于它有非常浓厚的感情色彩。是的，春天是美好的，那蓝天白云，那绿树红花，那莺歌燕舞(4)，那流水人家，怎么不叫人陶醉呢？但这良辰美景，对于一个双目失明的人来说，只是一片漆黑(5)。当人们想到这个盲老人，一生中竟连万紫千红的春天//都不曾看到，怎能不对他产生同情之心呢？

语音提示：

(1)褴褛 lánlǚ　(2)乞丐 qǐgài　(3)让·彼浩勒 Ràng·bǐhàolè

(4)莺歌燕舞 yīnggē-yànwǔ　(5)漆黑 qīhēi

作品54号　赠你四味长寿药

　　有一次，苏东坡的朋友张鹗拿着一张宣纸来求他写一幅字，而且希望他写一点儿关于养生方面的内容。苏东坡思索了一会儿，点点头说："我得到了一个养生长寿古方，药只有四味，今天就赠给你吧。"于是，东坡的狼毫在纸上挥洒(1)起来，上面写着："一曰无事以当(2)贵，二曰早寝以当富，三曰安步以当车，四曰晚食以当肉。"

　　这哪里有药？张鹗一脸茫然(3)地问。苏东坡笑着解释说，养生长寿的要诀，全在这四句里面。

所谓"无事以当贵",是指人不要把功名利禄、荣辱过失考虑得太多,如能在情志上潇洒⁽⁴⁾大度,随遇而安,无事以求,这比富贵更能使人终其天年。

"早寝以当富",指吃好穿好、财货充足,并非就能使你长寿。对老年人来说,养成良好的起居⁽⁵⁾习惯,尤其是早睡早起,比获得任何财富更加宝贵。

"安步以当车",指人不要过于讲求安逸⁽⁶⁾、肢体不劳,而应多以步行来替代骑马乘车,多运动才可以强健体魄,通畅气血⁽⁷⁾。

"晚食以当肉",意思是人应该用已饥方食、未饱先止代替对美味佳肴⁽⁸⁾的贪吃无厌。他进一步解释,饿了以后才进食,虽然是粗茶淡饭,但其香甜可口会胜过山珍;如果饱了还要勉强⁽⁹⁾吃,即使美味佳肴摆在眼前也难以//下咽。

苏东坡的四味"长寿药",实际上是强调了情志、睡眠、运动、饮食四个方面对养生长寿的重要性,这种养生观点即使在今天仍然值得借鉴。

语音提示:

(1)挥洒 huīsǎ　(2)当 dàng　(3)茫然 mángrán　(4)潇洒 xiāosǎ　(5)起居 qǐjū
(6)安逸 ānyì　(7)气血 qìxuè　(8)佳肴 jiāyáo　(9)勉强 miǎnqiǎng

作品55号　站在历史的枝头微笑

人活着,最要紧的是寻觅到那片代表着生命绿色和人类希望的丛林⁽¹⁾,然后选一高高的枝头站在那里观览人生,消化痛苦,孕育歌声,愉悦世界!

这可真是一种潇洒的人生态度,这可真是一种心境爽朗的情感风貌。

站在历史的枝头微笑,可以减免许多烦恼。在那里,你可以从众生相所包含的甜酸苦辣、百味人生中寻找你自己;你境遇中的那点儿苦痛,也许相比之下,再也难以占据一席之地;你会较⁽²⁾容易地获得从不悦中解脱灵魂的力量,使之不致变得灰色。

人站得高些,不但能有幸早些领略到希望的曙光⁽³⁾,还能有幸发现生命的立体的诗篇。每一个人的人生,都是这诗篇中的一个词、一个句子或者一个标点。你可能没有成为一个美丽的词,一个引人注目的句子,一个惊叹号,但你依然是这生命的立体诗篇中的一个音节、一个停顿、一个必不可少的组成部分。这足以使你放弃前嫌⁽⁴⁾,萌生为人类孕育新的歌声的兴致,为世界带来更多的诗意。

最可怕的人生见解,是把多维的生存图景看成平面。因为那平面上刻下的大多是凝固了的历史——过去的遗迹;但活着的人们,活得却是充满着新生智慧的,由//不断逝去的"现在"组成的未来。人生不能像某些鱼类躺着游,人生也不能像某些兽类爬着走,而应该站着向前行,这才是人类应有的生存姿态。

语音提示:

(1)丛林 cónglín　(2)较 jiào　(3)曙光 shǔguāng　(4)前嫌 qiánxián

作品 56 号　中国的宝岛——台湾

中国的第一大岛、台湾省的主岛台湾，位于中国大陆架的东南方，地处(1)东海和南海之间，隔着台湾海峡和大陆相望。天气晴朗的时候，站在福建沿海较高的地方，就可以隐隐约约地望见岛上的高山和云朵。

台湾岛形状狭长(2)，从东到西，最宽处只有一百四十多公里；由南至北，最长的地方约有三百九十多公里。地形像一个纺织用的梭子。

台湾岛上的山脉纵贯南北，中间的中央山脉犹如全岛的脊梁(3)。西部为海拔近四千米的玉山山脉，是中国东部的最高峰。全岛约有三分之一的地方是平地，其余为山地。岛内有缎带般的瀑布，蓝宝石似的湖泊(4)，四季常青的森林和果园，自然景色十分优美。西南部的阿里山和日月潭，台北市郊的大屯山风景区，都是闻名世界的游览胜地。

台湾岛地处热带和温带之间，四面环海，雨水充足，气温受到海洋的调剂(5)，冬暖夏凉，四季如春，这给水稻和果木生长提供了优越的条件。水稻、甘蔗(6)、樟脑是台湾的"三宝"。岛上还盛产鲜果和鱼虾。

台湾岛还是一个闻名世界的"蝴蝶王国"。岛上的蝴蝶共有四百多个品种，其中有不少是世界稀有的珍贵品种。岛上还有不少鸟语花香的蝴//蝶谷，岛上居民利用蝴蝶制作的标本和艺术品，远销许多国家。

语音提示：

（1）地处 dìchǔ　（2）狭长 xiácháng　（3）脊梁 jǐliáng　（4）湖泊 húpō

（5）调剂 tiáojì　（6）甘蔗 gānzhe

作品 57 号　中国的牛

对于中国的牛，我有着一种特别尊敬的感情。

留给我印象最深的，要算在田垄(1)上的一次"相遇"。

一群朋友郊游，我领头在狭窄(2)的阡陌(3)上走，怎料迎面来了几头耕牛，狭道容不下人和牛，终有一方要让路。它们还没有走近，我们已经预计斗不过畜牲(4)，恐怕难免踩到田地泥水里，弄得鞋袜又泥又湿了。正踟蹰(5)的时候，带头的一头牛，在离我们不远的地方停下来，抬起头看看，稍迟疑一下，就自动走下田去。一队耕牛，全跟着它离开阡陌，从我们身边经过。

我们都呆了，回过头来，看着深褐色的牛队，在路的尽头消失，忽然觉得自己受了很大的恩惠。

中国的牛，永远沉默地为人做着沉重的工作。在大地上，在晨光或烈日下，它拖着沉重的犁，低头一步又一步，拖出了身后一列又一列松土，好让人们下种(6)。等到满地金黄或农闲时候，它可能还得担当搬运负重的工作；或终日绕着(7)石磨，朝同一方向，走不计程的路。

142

在它沉默的劳动中,人便得到应得的收成。

那时候,也许,它可以松一肩重担,站在树下,吃几口嫩草。偶尔摇摇尾巴,摆摆耳朵,赶走飞附身上的苍蝇,已经算是它最闲适的生活了。

中国的牛,没有成群奔跑的习//惯,永远沉沉实实的,默默地工作,平心静气。这就是中国的牛!

语音提示:

(1)田垄 tiánlǒng　(2)狭窄 xiázhǎi　(3)阡陌 qiānmò　(4)畜牲 chùsheng

(5)踟蹰 chíchú　(6)下种 xiàzhǒng　(7)绕着 ràozhe

作品58号　住的梦

不管我的梦想能否成为事实,说出来总是好玩儿⁽¹⁾的:

春天,我将要住在杭州。二十年前,旧历的二月初,在西湖我看见了嫩柳与菜花,碧浪与翠竹。由我看到的那点儿春光,已经可以断定,杭州的春天必定会教人整天生活在诗与图画之中。所以,春天我的家应当⁽²⁾是在杭州。

夏天,我想青城山应当算作最理想的地方。在那里,我虽然只住过十天,可是它的幽静已拴住了我的心灵。在我所看见过的山水中,只有这里没有使我失望。到处都是绿,目之所及,那片淡而光润的绿色都在轻轻地颤动⁽³⁾,仿佛要流入空中与心中似的。这个绿色会像音乐,涤清⁽⁴⁾了心中的万虑。

秋天一定要住北平。天堂是什么样子,我不知道,但是从我的生活经验去判断,北平之秋便是天堂。论天气,不冷不热。论吃的,苹果、梨、柿子、枣儿⁽⁵⁾、葡萄,每样都有若干种。论花草,菊花种类之多,花式之奇,可以甲天下。西山有红叶可见,北海可以划船——虽然荷花已残,荷叶可还有一片清香。衣食住行,在北平的秋天,是没有一项不使人满意的。

冬天,我还没有打好主意⁽⁶⁾,成都或者相当得合适,虽然并不怎样和暖,可是为了水仙、素心腊梅,各色的茶花,仿佛就受一点儿寒//冷,也颇值得去了。昆明的花也多,而且天气比成都好,可是旧书铺与精美而便宜的小吃远不及成都那么多。好吧,就暂⁽⁷⁾这么规定:冬天不住成都便住昆明吧。

在抗战中,我没能发国难财。我想,抗战胜利以后,我必能阔起来。那时候,假若飞机减价,一二百元就能买一架的话,我就自备一架,择黄道吉日慢慢地飞行。

语音提示:

(1)好玩儿 hǎowánr　(2)应当 yīngdāng　(3)颤动 chàndòng　(4)涤清 díqīng

(5)枣儿 zǎor　(6)主意 zhǔyi　(7)暂 zàn

作品59号　紫藤萝瀑布

我不由得停住了脚步。

从未见过开得这样盛的藤萝，只见一片辉煌的淡紫色，像一条瀑布，从空中垂下，不见其发端，也不见其终极，只是深深浅浅的紫，仿佛在流动，在欢笑，在不停地生长。紫色的大条幅(1)上，泛着点点银光，就像迸溅(2)的水花。仔细看时，才知那是每一朵紫花中的最浅淡的部分，在和阳光互相挑逗。

这里除了光彩，还有淡淡的芳香。香气似乎也是浅紫色的，梦幻一般轻轻地笼罩(3)着我。忽然记起十多年前，家门外也曾有过一大株紫藤萝，它依傍(4)一株枯槐爬得很高，但花朵从来都稀落，东一穗西一串伶仃(5)地挂在树梢，好像在察言观色，试探什么。后来索性连那稀零的花串也没有了。园中别的紫藤花架也都拆掉(6)，改种了果树。那时的说法是，花和生活腐化有必然关系。我曾遗憾地想：这里再看不见藤萝花了。

过了这么多年，藤萝又开花了，而且开得这样盛，这样密，紫色的瀑布遮住了粗壮的盘虬(7)卧龙般的枝干，不断地流着，流着，流向人的心底。

花和人都会遇到各种各样的不幸，但是生命的长河是无止境的。我抚摸了一下那小小的紫色的花舱，那里满装了生命的酒酿(8)，它张满了帆(9)，在这//闪光的花的河流上航行。它是万花中的一朵，也正是由每一个一朵，组成了万花灿烂的流动的瀑布。

在这浅紫色的光辉和浅紫色的芳香中，我不觉加快了脚步。

语音提示：

(1)条幅 tiáofú　(2)迸溅 bèngjiàn　(3)笼罩 lǒngzhào　(4)依傍 yībàng
(5)伶仃 língdīng　(6)拆掉 chāidiào　(7)盘虬 pánqiú　(8)酒酿 jiǔniàng
(9)帆 fān

作品60号　最糟糕的发明

在一次名人访问中，被问及上个世纪最重要的发明是什么时，有人说是电脑，有人说是汽车，等等。但新加坡的一位知名人士却说是冷气机。他解释，如果没有冷气，热带地区如东南亚国家，就不可能有很高的生产力，就不可能达到今天的生活水准。他的回答实事求是，有理有据。

看了上述报道(1)，我突发奇想：为什么没有记者问："二十世纪最糟糕的发明是什么？"其实二〇〇二年十月中旬，英国的一家报纸就评出了"人类最糟糕的发明"。获此"殊荣"的，就是人们每天大量使用的塑料袋。

诞生于上个世纪三十年代的塑料袋，其家族包括用塑料制成的快餐饭盒、包装纸、餐用杯盘、饮料瓶、酸奶杯、雪糕杯等等。这些废弃物形成的垃圾(2)，数量多、体积大、重量轻、不降解，给治理工作带来很多技术难题和社会问题。

比如，散落(3)在田间、路边及草丛中的塑料餐盒，一旦被牲畜(4)吞食，就会危及健康甚至导致死亡。填埋废弃塑料袋、塑料餐盒的土地，不能生长庄稼和树木，造成土地板结⁽⁵⁾，而焚烧处理⁽⁶⁾这些塑料垃圾，则会释放出多种化学有毒气体，其中一种称为二噁英⁽⁷⁾的化合物，毒性极大。

此外，在生产塑料袋、塑料餐盒的//过程中使用的氟利昂⁽⁸⁾，对人体免疫系统和生态环境造成的破坏也极为严重。

语音提示：

（1）报道 bàodào　（2）垃圾 lājī　（3）散落 sànluò　（4）牲畜 shēngchù

（5）板结 bǎnjié　（6）处理 chǔlǐ　（7）二噁英 èr'èyīng　（8）氟利昂 fúlì'áng

参考文献

[1]黄伯荣,廖序东.现代汉语[M].北京:高等教育出版社,2002.

[2]李娓.关中方言与普通话[M].西安:陕西师范大学出版社,1992.

[3]刘照雄.普通话水平测试大纲[M].吉林:吉林人民出版社,1994.

[4]胡安顺.音韵学通论[M].北京:中华书局,2002.

[5]孙光锋,郑天荣,任苗霞.学前英汉双语五大领域教学[M].开封:河南大学出版社,2017.

[6]宋宝兰.普通话水平训练与测试[M].北京:对外经济贸易大学出版社,2011.

[7]李珉.普通话与口语交际[M].北京:高等教育出版社,1999.

[8]高廉平.普通话训练与测试教程[M].重庆:西南师范大学出版社,1998.

[9]王淑一,周秀英.普通话实用训练教程[M].北京:北京出版社,2007.

[10]袁青山.普通话水平测试培训教程[M].西安:西北大学出版社,2012.

[11]邢福义,汪国胜.现代汉语[M].北京:高等教育出版社,2010.

[12]国家语言文字工作委员会普通话培训测试中心.普通话水平测试实施纲要[M].北京:商务印书馆,2004.

[13]人民教育出版社中学语文室.现代汉语知识[M].北京:人民教育出版社,1999.

[14]杨焰.论普通话水平测试中"说话"的应试策略[J].咸宁学院学报,2011(7):63-64.

[15]张洁.普通话水平测试中"命题说话"的应试技巧[J].学理论,2010(27):306-307.

[16]普通话测试趣事[EB/OL].(2010-12-12).http://blog.sina.com.cn/s/blog_65a2ca020100nycw.html.

[17]普通话手抄报:普通话的故事[EB/OL].(2012-09-19).https://edu.pcbaby.com.cn/resource/scb/putonghua/1209/1138644.html.

[18]教育部语言文字信息管理司.汉语拼音方案[EB/OL].(1958-02-01).http://www.moe.gov.cn/eweeditor/uploadfile/2015/03/02/20150302165814246.pdf.